*Napoleon*
*the Novelist*

# 小说家拿破仑

〔英〕安迪·马丁（Andy Martin） 著

刘倩 译

生活·讀書·新知 三联书店

**图书在版编目（CIP）数据**

小说家拿破仑／（英）马丁著；刘倩译. —北京：
生活·读书·新知三联书店，2015.3
ISBN 978-7-108-04849-3

Ⅰ.①小… Ⅱ.①马… ②刘… Ⅲ.①拿破仑，B.(1769~1821)-
人物研究 Ⅳ.① K835.655.2

中国版本图书馆 CIP 数据核字（2014）第 211198 号

责任编辑 冯金红
装帧设计 蔡立国
责任印制 徐　方
出版发行 生活·讀書·新知 三联书店
　　　　（北京市东城区美术馆东街 22 号 100010）
网　　址 www.sdxjpc.com
经　　销 新华书店
印　　刷 北京隆昌伟业印刷有限公司
版　　次 2015 年 3 月北京第 1 版
　　　　 2015 年 3 月北京第 1 次印刷
开　　本 850 毫米×1092 毫米 1/32 印张 9.875
字　　数 164 千字
印　　数 0,001-6,000 册
定　　价 36.00 元
（印装查询：01064002715；邮购查询：01084010542）

给伊萨姆（Issam）

# 目　录

# 代译序　带着思想去散步

刘　禾

> 我无法放下手中的笔⋯⋯

这句话出自拿破仑之口，多少会让人觉得惊讶。实际上，拿破仑·波拿巴如此说自有原因：他不但从小嗜书如命，还是卢梭的超级粉丝，一生笔耕不辍，最大的梦想就是让自己成为另一个卢梭。拿破仑当年写给新婚妻子约瑟芬的情书早已传为佳话，那些情书差不多都是卢梭书信体小说的翻版。可是，历史捉弄了这个文学爱好者——没有把他变成另一个卢梭，而是把他塑造成了驰骋沙场、雄霸欧洲的枭雄。滑铁卢战役败北，拿破仑被流放到圣赫勒拿岛，于五十一岁在岛上去世，身后留下的著作竟有五十多卷本，不仅洋洋大观，且文类众多，既有小说、诗歌，启蒙主义论文、宏大的史学著作，也有苏格拉底式的对话录，以及大量的书信。难怪有人说，法兰西帝国是由一个卓越的文学心灵所塑造的。

说起拿破仑的卢梭梦，我不禁想起奥地利作家茨威格笔下的巴尔扎克，巴尔扎克年轻的时候做的是拿破仑梦。虽然他生活拮据、负债累累，但为了还债，为了用文字征服天下，巴尔扎克发誓要成为另一个拿破仑。在当时，他那个小书房空空荡荡，没有几件陈设和家具，唯一的例外，就是壁炉上小小的一尊拿破仑的石膏坐像（其时拿破仑刚去世没几年），坐像的下方贴着一张小字条，上面赫然一行字：他用刀剑铸造的伟业，我要用笔来实现。读这句誓言，我忽然想到，要是《巴尔扎克传》的作者茨威格早知道拿破仑也有一个文学梦，说不定他对巴尔扎克的评价会另具眼光、更加精彩。

茨威格所没有做到的，半个世纪后被英国学者和作家安迪·马丁（Andy Martin）做到了。我的书桌上摆着马丁在 2001 年出版的 *Napoleon the Novelist*，中译《小说家拿破仑》。这本书既不像典型的人物传记，也不算是严格意义的学术研究，它该如何归类，我颇为踌躇。无论如何，这本书叫人拿起来就放不下，我相信，历史爱好者和文学爱好者都会喜欢。这次北京三联书店的冯金红女士命我作序，寄来社科院文学所的学者刘倩的中译本，我欣然应允，并趁机写下一点自己的感想。

马丁在《小说家拿破仑》的开篇中告诉我们，十九世纪像个疯人院（谁说二十世纪不更像疯人院?），那些患自大狂妄想症的诸位狂人，像雨果、巴尔扎克、亨利·詹姆斯等，无不个个把自己当作拿破仑，或拼命与之较劲。詹姆斯去世前写的信，其中有一封就署名 Napoleone，用的正是拿破仑原名的意大利文拼法。再看陀思妥耶夫斯基的《罪与罚》，里面的主人公拉斯柯尔尼科夫有一句话："是的，我想成为拿破仑，这就是为什么我会杀人。"有些吊诡的是，在所有患自大狂妄想症的人群中，恰恰拿破仑本人是例外，因为他更想当卢梭，更乐于以博学文人自居。尽管他有一流的数学头脑和军事头脑，但这都不在话下，拿破仑咬定自己是一个很有成就的作家。事实上，他的写作才华也确曾得到同代人的赏识，比如司汤达，比如圣伯夫。法国文豪圣伯夫是现代文学批评的鼻祖，他就十分欣赏拿破仑的文学才华，说拿破仑一旦闲暇，倘论及文学，还是一位高明的批评家。

从滑铁卢战役直至今日，差不多两百年的光阴过去了。对于拿破仑，历史早有盖棺定论，而且法国大革命和拿破仑战争也一直是国外历史学家研究的课题，这方面的论文专著汗牛充栋，其规模之广泛，研究之细密，用学术工业来形容一点也不过分，但我注意到国内相关的介绍可说凤毛麟角。看得出，马丁在写《小说家拿破仑》的时候，并无意于加入臧否这位历史人物的学术论辩，他把书写得很诙谐，很好看，闲时随便翻翻，叫人眼前一亮，恨不能一口气读完。但如若你静下心来，细品慢读，又会发现在那些盖棺论定之外，拿破仑身上还有一些我们从前根本不了解的细枝末节，而这些细节未必不能让人窥见某些历史真相。

不过，文学家眼里的真相和史学家眼里的真相，可能相差甚远。史学家告诉我们，拿破仑征战埃及的时候，他带领的部队有 276 名军官，28000 名步兵，2800 名骑兵，2000 名炮手（他自己是炮兵出身），1157 名工程兵。除此之外，随军的文职人员有 900 名，这些人中有医生、药剂师、护士、科学家、画家和作家，其中仅从科学艺术委员会（Commission des Sciences et des Arts）来的学者就多达 151 人。

与史学家的关注相比，文学家对拿破仑在战场上创造的轰轰烈烈轻描淡写，反而把笔墨用在一些鸡毛蒜皮的小事上，并大加渲染。比如马丁——我把他归为文学家——津津有味地写道，拿破仑出征埃及，他的部队不仅要拖载数不清的大炮，还要拖上他的移动图书馆（bibliothèque portative），不怕麻烦，不辞辛苦，从巴黎一直拖到开罗。更令人咂舌的是，在横跨地中海的时候，拿破仑的战舰被英国皇家海军纳尔逊上将围追堵截，时时面临灭顶之灾，但这位大军统帅居然在舰艇上召开了三天学术研讨会，讨论的是卢梭的《论人类不平等的起源》，以及荷马史诗和《莪相集》。

为远征埃及，拿破仑做过细致周到的策划和筹备。他亲自批文，规定了所带书籍的种类，不仅包括历史、小说、戏剧、地理、科学、诗歌、政治、宗教等等，还专门指定以下几本书必须带上——《古兰经》，史诗《莪相集》，还有法国启蒙主义思想家雷纳尔神甫的著作《欧洲人在东西印度殖民与贸易之哲学政治史》。由于需要携带的书籍太多，超过数千册，最后不得不改装一辆军车，有意思的是，这图书专车是由拿破仑亲自设计内装修。当我们回顾拿破仑在埃及的皇皇功业的时候，千万不能忽视这样一个事实：就凭着这个移动图书馆，凭着他带去的 151 名随军科学艺术委员会的学者，拿破仑塑造出了第一批欧洲的现代东方学家。

有关拿破仑和现代东方学的渊源关系，爱德华·萨义德在《东方学》里多有论述（我最早在 1992 年为《读书》杂志写的一篇文章里介绍过这本书），为了避免误解，我这里要强调一下，萨义德所说的那个"东方"与中国或东亚干系不大，此东方非彼东方也。萨义德的东方有具体的所指，那就是北非和中东，正是拿破仑 1798 年出征埃及时眼睛里盯着的那个 the Orient。不过，拿破仑把几万大军和移动图书馆开到埃及，是为了建立东方学吗？当然不是。对于那次远征的动机，史学家众说纷纭，有人认为，拿破仑在意大利那次战役胜利后，一举成名，威望在法国迅速崛起，使得当时的督政府备感忧虑，同时，革命后的上层权力斗争也愈演愈烈，拿破仑远征埃及其实是为了自保。不过也有人说，拿破仑出于帝国地缘政治的考虑，想在埃及截断英国从红海通往印度的一条重要通道，全面控制地中海区域，同时在北非重新开辟殖民地，以弥补法国不久前在北美和印度失去的属地。依我看来，后者的意见应该更靠谱，因为就其时的法国而言，地缘政治的重要性似乎要大于督政府内部的权力斗争。

这里特别值得留心的是，拿破仑对伊斯兰和阿拉伯文化的青睐不可忽视，更不可小觑。拿破仑邀请一百多名学者，去埃及考古，研究伊斯兰和阿拉伯文明，其目的究竟何在？在这个问题上，马丁和萨义德的理解是不一样的。在萨义德看来，拿破仑来到尼罗河畔，与当地知识精英——伊玛目（imams）和乌里玛（ulamas）——共同切磋学问，虚心讨教，自然让当地人产生好感，放松了警惕，这有利于拿破仑的军事野心。尤其是，拿破仑手下的学者显得那么博学，不仅会说阿拉伯话，还会读伊斯兰经文，这让伊玛目们和乌里玛们刮目相看，不由得打心底里佩服；再加上拿破仑到处跟人说，法国人到埃及是为了捍卫伊斯兰，这早已在《古兰经》的预言之中云云，这不能不叫伊玛目们和乌里玛们受宠若惊，对入侵者加倍不设防。(这毫不奇怪，谁不爱听好话？比方说今天洋人每讲汉语识汉字，总是引起国人的好感，媒体人士更是每每蜂拥而上，津津乐道。)拿破仑给妻子约瑟芬的一封信中曾抱怨，他最不满神父、巫师和骗子"揣着我们的思想去散步"，想怎么发挥就怎么发挥。那他自己岂不是揣着启蒙主义的思想跑到埃及去散步了？在萨义德看来，拿破仑如此作为，正是强者看准了弱者的不自信和自恋情结，知己知彼，故轻而易举地攻克了对方的心灵防线，这正如他善于在战场上调动炮火，善于使用夏普(Chappe)电报，常以迅雷不及掩耳之势攻克敌方一样。

相比之下，马丁笔下的拿破仑好像是另外一个人，他没有人们想象的那么精明狡猾、足智多谋。远征埃及的时候，拿破仑幻想自己是现代版的亚历山大大帝，而他的幻想往往与现实严重脱节，马丁说这是他的致命弱点。如果在"唯心"和"唯物"之间做选择，拿破仑肯定属于唯心派，就连他的残暴、冷漠和草菅人命，都与这个弱点有关。前面提到，拿破仑曾不顾英国皇家海军的围追堵截，在舰艇上接连召开三天学术研讨会，这类不寻常的举动，在他那里其实是寻常事。后来在攻占开罗期间，烽火四起之时，拿破仑居然要求手下的年轻数学家专心考试，解答微积分问题。这也罢了，他进驻开罗不久，在尼罗河畔建立了一个埃及研究院，这个研究院毫不逊色于巴黎塞纳河边上的那个国家研究院（前身为法兰西研究院），学科分别为政治经济学、物理学、数学、文学和艺术，每隔五天举办一次学术研讨会。这样的治学精神，自然显得匪夷所思，难免遭到劲敌英国人的耻笑，比如当年一个英国人画过一幅漫画，画面上显示两名法兰西学究在开罗发表论文，第一位学者讲"论鳄鱼之教育"，第二位学者大谈"论鳄鱼之权利"。冷不防冲出几只愤怒的鳄鱼，袭击宣读论文的两位学者，一个人大腿被鳄鱼咬住，另一个人，是屁股被撕下一块鲜肉。

拿破仑对学问的痴迷由来已久，他年轻时崇拜过两个文人偶像，一个是卢梭，怎奈卢梭已经过世，他无法前去拜访本人。另外还有一个，是雷纳尔神甫，此人不但当时还活着，而且被公认是法国大革命之父。文学青年拿破仑不仅曾经专程赶到马赛去拜访他，而且给他寄去热情洋溢的信，可见其向往崇拜的热诚。法国大革命爆发初期，雅各宾党人和以罗伯斯庇尔为首的激进分子，曾经动辄引用雷纳尔神甫的名言，高呼结束王朝统治，处死封建王族。可是，谁也想不到，在革命后的紧要关头，多年前炮制激进言论的神甫本人竟突然改弦易辙，站出来反对暴力。幸而罗伯斯庇尔及时从中斡旋，说他年老犯糊涂，才使这位法国大革命之父免于被送上断头台，而事隔不久，罗伯斯庇尔自己也被推上了断头台。"天若有情天亦老"，读史至此，不免令人生出一些慨叹来：大革命的逻辑看来完全不以个人的意志为转移，无论是丹东、罗伯斯庇尔、路易十六，还是后来的拿破仑，这些人终究都逃不脱历史规定的角色。问题是，革命的必然性是不是也寓于这个逻辑之中？毛泽东说的最直白：哪里有压迫，哪里就有反抗。如果这个逻辑是真理，如同物理学的能量守恒定律一样，那么今后的压迫也必然会引发新的革命吗？

这一类的问题自然超出了《小说家拿破仑》的作者马丁所关注的范围，他只负责把读者带入一种历史场景，讲一个故事，而且把故事讲得生动无比。在马丁的眼里，拿破仑其实是个身份不明的人。你看他，一忽儿要当卢梭，一忽儿是亚历山大大帝，一忽儿又成了穆斯林苏丹，这似乎是拿破仑的常态，而非权宜之计。法国浪漫主义作家夏多布里昂就再三强调，拿破仑的身份本来就可疑，他压根儿不是法国人，而是意大利人。原因是拿破仑在科西嘉岛出世的时候，那个岛还尚未归属法国，而属于热那亚。不过历史学家当前的共识是，1769年拿破仑出生的时候，这个地中海小岛刚被法国人占领，因此把他归入法国的国籍应该不错。

但无论什么国籍，拿破仑从小就讲不好法语，常受人欺侮，这或许是他曾立志要实现祖国科西嘉岛独立的原因之一。马丁在书中引述他的一段话，其雄心可略见一斑："当我出生时，国家正面临灭亡。三万法国人涌入我们的海岸，自由之冠淹没在狂暴的腥风血浪之中。我刚一睁开双眼，看到的就是这样的可憎景象。从我出生的那一刻起，摇篮左右俱是垂死之人的哭泣、被欺侮者的呻吟、绝望的泪水。"由于父亲和其他的影响，拿破仑后来转而认同法国，并乘着法国大革命的东风，一路飙升，成为法兰西的救世奇才。但这一切都改变不了以下事实，他讲的法语始终是错误百出、口音极重。拿破仑和卢梭，一个是科西嘉岛人，一个是日内瓦人，两人俱是外来者——也许恰恰因为他们是外来者，他们才给法国乃至整个欧洲和世界，带来了天翻地覆的变化。

经常有人追问，1789年法国大革命爆发的时候，拿破仑本人在哪里？他当时在做什么？这是一个有趣的问题。记得1989年时值攻陷巴士底狱二百周年纪念日，意大利学者与作家翁贝托·艾柯曾通过 *L' Espresso* 周刊面向整个欧洲做过一次问卷调查，问卷的题目是："谁是法国大革命最伟大的英雄?"答案出来以后，丹东、马拉、罗伯斯庇尔各自获得一批票数，但得票最多的仍属拿破仑。这项结果让学者们大跌眼镜，《小说家拿破仑》的作者马丁也做如是想，他认为在法国大革命最关键的时刻，拿破仑几乎不在场，充其量也只是一个旁观者。

纵然仅仅是个旁观者，拿破仑当时一分一秒都没闲着。他完全符合诗人波德莱尔后来在《恶之花》的《风景》那首诗里写的"暴乱徒然地在我的窗前怒吼，不会让我从我的书桌上抬头"的心态。这位文学青年不分昼夜地读书写作，他的一部未完成的小说《克列松和欧仁妮》（*Clisson et Eugénie*），受到歌德那本风靡欧洲的《少年维特的烦恼》的感召正横空出世呢。马丁把这部早期作品戏称为《少年拿破仑的烦恼》。其实，少年拿破仑的野心何止于小说？他为了给祖国科西嘉岛修史，四处搜寻档案资料，进行大量的阅读，其行为倒颇有几分历史学家的模样。我们可以设想，假若拿破仑听说过汉代司马迁的名字，那么他朝思暮想的无非是做科西嘉岛的司马迁，写出一部岛国的《史记》来。马丁说："纵观其一生，他始终是岛上居民，而不是陆地居民。无论身处何地，岛民总是下意识地觉得格格不入、无根无国，总是一个流浪者。他可以是任何人，也可以谁都不是。"

法国大革命爆发时，拿破仑所在的部队拉斐尔团（Régiment de la Fère）驻扎在法国东部的奥克松。1789年7月巴士底狱被攻陷，法国各地开始发生大大小小的骚乱，革命的狂潮自然也冲击到奥克松。那里的百姓揭竿而起，焚烧税务记录，捣毁包税人的办公室。然而，面对周围发生的这一切，拉斐尔团的军官若无其事，他们要不醉眼蒙眬终日，要不就借口离职休假，好像大革命不关他们任何事。作为军团的知识分子，拿破仑少尉则是个有名的读书狂，不仅旷职休假，并且有办法给自己带薪离职。

　　1792年8月10日，杜伊勒里王宫遭受最猛烈的攻击时，拿破仑恰好在巴黎休假。那天，大革命的各路人马纷纷上街，国民自卫队、红帽子营、无套裤汉、雅各宾党人、布雷斯特的志愿兵、马赛义勇军等，近三万多人闯入王宫，捉捕国王路易十六。其时，拿破仑正在朋友布里昂兄弟的家里，房子的位置恰好就在杜伊勒里王宫前的卡鲁索广场。隔窗相望，他们目睹了所有的暴力场面和血淋淋的细节。拿破仑在回忆中说，有一次在巴黎的街头走路，看到一群人把一颗人头挂在矛尖上游行，人们见他的衣着整洁，像是个有身份的人，便拦住他问话，并要他高喊"Vive la Nation！"即"（法兰西）民族万岁"，拿破仑说，我毫不犹豫地照办了。

读罢马丁的书，掩卷沉思，我不由想到1791年在美洲加勒比岛屿爆发的那次海地革命。海地革命发生在法属殖民地圣多明各（Saint-Domingue），仅与1789年的法国革命相隔两年，那是一次震撼世界的奴隶起义。美国学者苏珊·巴克－摩丝（Susan Buck-Morss）近期对海地革命与哲学家黑格尔的研究（《黑格尔、海地与普遍史》，2009年）指出，黑格尔当年论述"主人与奴隶"的历史辩证法，恰恰就是回应了海地奴隶起义这个世界性的大事件。此外，我还想强调一点，就是海地革命与法国大革命密不可分，可以说，是大西洋两边发生的同一场革命，而起义者同样受到启蒙思想家雷纳尔神甫的十卷本鸿篇巨著《欧洲人在东西印度殖民与贸易之哲学政治史》的鼓动和召唤。在当时，雷纳尔的启蒙思想振聋发聩，被官方视为异端邪说，因为他在这本书里系统地清算了欧洲人在美洲（即"西印度"）、亚洲（即"东印度"）和非洲所实行的殖民掠夺和奴隶贸易，并在与狄德罗合著的另一部著作里准确地预见了黑人"斯巴达克斯"在美洲的起义。马丁在论说拿破仑之际，也始终强调雷纳尔神甫的重要性，在他看来，这位神甫的启蒙思想对法国大革命的影响力，实际上超过了卢梭的《社会契约论》，因此不愧被称作法国大革命之父。给我印象深刻的是，马丁甚至没忘记提一笔法国大革命与黑格尔写作《精神现象学》的历史渊源，不过他还是忽略了一点，那就是海地革命与法国大革命的密切关联，以及它们分别对于拿破仑的意义。

我认为，这一点很关键，因为它关乎如何评判欧洲的启蒙思想及其历史作用。当拿破仑携带雷纳尔神甫的著作远征埃及，一方面传播法国大革命的火种，另一方面又重操殖民旧业的时候，这一行为究竟应如何看？是对启蒙思想的背叛，还是暴露出启蒙思想自身的脆弱？使问题变得更加尖锐的是，尔后不出几年，拿破仑决定派兵到美洲，镇压法属殖民地圣多明各造反的奴隶，诱捕黑人领袖图森·路维杜尔将军，甚至力图恢复殖民地的奴隶制。这些残暴的历次镇压造成一个无法回避的事实：圣多明各的奴隶起义伤亡惨重，血流成河，几十万黑奴和几万欧洲官兵死于战乱和疾病。我忍不住想，这难道不是拿破仑描述的科西嘉岛上"被欺侮者的呻吟、绝望的泪水"的景象吗？而当他做出决定镇压奴隶的那一刻，雷纳尔神甫对殖民者的抨击有没有在他的脑中一闪而过？

为什么要提出这个问题？

因为拿破仑和雷纳尔神甫之间的缘分真的不浅。依照马丁的说法，他的文学生涯最早起步于雷纳尔神甫发起的一场征文比赛。时值法国大革命的初期，报上登出的征文题目是："需要将哪些最重要的真理和情感灌输给民众以增进他们的幸福？"头奖的奖金定为1200里弗，这个金额超过了拿破仑一年的薪俸，外带一枚金质奖章。为了参加征文比赛，夺下头奖，拿破仑一时发奋，两耳不闻窗外事，一心埋头苦读书，最后终于炮制出一篇长文，叫做《论幸福》。遗憾的是，评奖结果公布，他苦心经营的那篇文章竟名落孙山。

马丁最后写道："无论是夺江山，还是失江山，他几乎没有改变过，他还是那个年轻的、想要成为作家的人……好吧，就算没得奖，他也将自己的整个一生花在追求另一种头等奖上了……"

小说家拿破仑的故事，可以暂时画上一个句号。


2014年10月，写于纽约鱼溪山房

# 致　谢

感谢帮助我完成本书的那些人，他们中既有吹毛求疵、咄咄逼人、富有建设性的批评家，也有冷嘲热讽、漠不关心者。尤其感谢那位荒唐地以缺乏性吸引力为由而将"拿破仑的小说"与"包胥埃（Bossuet）的布道"相提并论的法国教授。还要感谢阿登布鲁克（Addenbrooke）医院为丧失战斗力的（hors de combat）我做了膝部手术，我才得以行动自如地顺利完成本书第一稿。

安迪·马丁
2000 年 5 月于剑桥

剑桥大学图书馆理事会（Syndics of the Cambridge University Library）同意本书使用《法兰西信使》（*Mercure de France*）的部分截图。卡纳瓦雷博物馆（*Musée Carnavalet*）同意本书使用《拿破仑的故事》（*Histoire de Napoléon*）中的漫画（phtograph© Photothèque des Musées de la Ville de Paris）。

本书第一章，曾刊于 *Raritan*（2000 年春）。第四章部分内容，曾刊于《现当代法国》（*Modern and Contemporary France*）拿破仑号（2000 年 10 月）。

或许世界历史就是几个隐喻的不同调子的历史。

——博尔赫斯

阿喀琉斯能够存在是因为荷马的光荣。从这个世上拿走书写艺术，恐怕也就拿走了光荣。

——夏多布里昂

我无法放下手中之笔。

——拿破仑

# 我，拿破仑

十多年来，斯坦利·库布里克一直梦想制作一部讲述拿破仑生平的史诗电影《拿破仑交响曲》(*The Napoleon Symphony*)，拟以安东尼·伯吉斯 (Anthony Burgess) 的小说为蓝本，配乐则用贝多芬。他甚至还聘用了一个欧洲中等大小国家的整支军队作为战争场面的临时演员。拿破仑与库布里克之间的唯一区别，就是库布里克不打算杀掉任何人。当然，库布里克的宏大计划从未实现。拿破仑的计划也没有实现。

把一只胳膊伸进外套假装自己是拿破仑，这依然是疯狂的同义词（夸大妄想症患者也有其它标志，如戴上他们的帽子）。在十九世纪的疯人大院中，每个人，从维克多·雨果、巴尔扎克到亨利·詹姆斯，都曾以这样那样的方式以为自己是拿破仑。人人如此，但非常吊诡的是，除了拿破仑自己。拿破仑觉得自己是一个非常成功的富有想象力的作家。

诚然，拿破仑有时候也觉得自己是耶稣基督、圣女贞德、亚历山大大帝。身份认同的某种不稳定性，似乎是他性格的组成部分。Je est un autre（我是另一个人），兰波的这一名言，也是一个典型的拿破仑式的主题："通过成为一名天主教徒，我结束了旺代（Vendéen）战争；通过成为穆斯林，我在埃及站稳了脚跟……如果统治犹太人的国家，我就会重建所罗门的圣殿。"但事实胜于雄辩，拿破仑的辉煌事业，既始于作家，也终于作家。法国大革命期间，拿破仑正努力写作一篇关于幸福的文章，希望自己成为一个新卢梭。在他生命的最后阶段，监禁他的圣赫勒拿岛变成了一个作家们的殖民地，他别无选择，只能回到他的自白。

有关于拿破仑的大多数现代史著，结构就像是一块三明治，中间部分的材料（更厚实，更有营养）与上下两层（微不足道，无关宏旨）截然不同。但是，拿破仑的整个中年生涯，从他带领他的乌合之众翻越阿尔卑斯山进入意大利，到他自封为皇帝，再到滑铁卢之后被捕、流放、慢慢死去，都是他与语言、文学恋爱的自然结果。为了发动埃及远征，他横渡地中海，尽管整个航程中都在躲避纳尔逊（Nelson）的军舰，他却仍然举办了一场关于《论人类不平等的起源》的研讨会，还讨论了荷马、莪相（Ossian）的是非优劣。与其说帝国洋溢着革命热情，还不如说是一部他想写、但却没能写成的感伤的（也是悲剧性的）小说的替代品。后来，巴尔扎克说，他希望自己在文学上的作为能像拿破仑在政治上的作为一样。其实，反过来，我们也可以说，拿破仑按照自己的形象重造全球的各种努力也是最巴尔扎克式的。总之，作为小说家的拿破仑与作为皇帝、救星、暴君的拿破仑，是一个完美的连续统一体。严格说来，拿破仑只是在从写作转向让秘书团队把自己的思想写下来的那一刻才变成了口述者/独裁者。不过，就像他在写给约瑟芬的信中所说的那样，他几乎无法放下手中之笔。

这或许是首部关于拿破仑的小书。斯各特（Scott）和赫兹里特（Hazlitt）最早用英文撰写的拿破仑传记，都长达三册甚至更多。今人也还是更喜欢百科全书式的、无所不包的、拿破仑式的方式。我对拿破仑的态度则完全是非拿破仑式的，更偏爱一种省略的美学。但我又忍不住是拿破仑式的，因为我执迷于书写，执迷于不能熟练掌握法语。

总的说来，二十世纪的历史学家都是世故的、反讽的读者，对于拿破仑所说、所写的一切，他们全都精明地拒绝照单全收。我则拿过来，掸掉十九世纪初对于拿破仑那些较为审美性的看法，更准确地说是十八世纪末如安托万·阿尔诺（Antoine Arnault）所持的那些看法。

拿破仑正忙于解放、劫掠意大利时，阿尔诺送给他一部自己的最新剧作《奥斯卡》（*Oscar*），献辞这样写道："您，就像第一位恺撒那样，以阿波罗和马尔斯（Mars，战神）的游戏度过青年时期；您，一手握笔，一手持剑，或许正身处您的军营，写下不朽的回忆录。如果可能的话，请您暂时抛开它们，在胜利间隙抽空读读我的作品吧。"笔与剑，沉思与行动，其实并不必然对立。拿破仑邀请阿尔诺与自己合作，"一起写一部悲剧"。文学志向和政治抱负之间，并没有让·蒂拉尔（Jean Tulard）面临的那种戏剧性的"选择"时刻，拿破仑从未舍此取彼。如果说我已经稍微推翻了一个多世纪前的那些主流看法的话，我也只是顺着圣伯夫（Saint-Beuve）的思路而走罢了。自然而然，圣伯夫认为，当所有的喧哗与骚动平息后，就像当时的考古学、地质学一样，剩下的就是文学："文字因对行动的回忆而熠熠生辉。"

米什莱（Michelet）强调拿破仑的狡诈善变和他自我神秘化的能力，认为他是一个无与伦比的"comédien"（喜剧演员）。夏多布里昂抨击拿破仑"文学趣味低俗，习惯给报纸写文章"。司汤达，在开始写作另一部小说前喜欢阅读《拿破仑法典》（*Code Napoléon*），曾称赞《大军公报》（*Bulletins de la Grande Armée*）中的诗歌峻直简朴。梯也尔不无夸张地将拿破仑称为"本世纪最伟大的作家"。圣伯夫崇尚他的简洁，将他比作帕斯卡，最后还加上一句，说他"闲暇时是一位伟大的批评家"。但是，或许只有维克多·雨果，在他对拿破仑的乡愁间歇性发作时，才真正意识到不能在这位可能的小说家、诗人、新闻记者（这一简历稍加修改，就可以用来形容维克多·雨果自己）与最终的政治家、军事冒险家之间做出分割。帝国由一个卓越的文学心灵塑造而成。反过来，也没有哪一种书写是清白无辜的，或纯粹颠覆性的，小说家们与拿破仑之间存在着一种秘密的亲缘关系。拿破仑与历史学家们之间的关系也是如此。虽说不必通过书写拿破仑来征服世界，但这也不无裨益。

1989 年，时值攻陷巴士底狱二百周年纪念，翁贝托·艾柯在意大利杂志《快报》（*Espresso*）上展开了一项调查，所提问题包括："谁是法国大革命最伟大的英雄？"丹东、罗伯斯庇尔，甚至马拉都有选票入账，但大赢家显然是拿破仑。这就是我们的集体记忆的回顾性重写。其实，拿破仑几乎没有参与这一大事件，除了为它拉下帷幕之外。野心勃勃，半救世主，半撒旦，他的这种模糊暧昧一直令我们着迷。他的横发飙起，还有他灾难性的跌落，为我们提供了一个有关于狂妄傲慢的历史悲剧的有效定义。但是，为了接收他的遗产，我们首先需要理解他个人对文本的激情。他曾邀请歌德来巴黎

5

写作他的生平故事，书名可能会题为"少年拿破仑的烦恼"。但是，他不仅仅是构成叙事的材料，他"在摇篮中就发现了小说"（夏多布里昂语），还把小说带进了自己的坟墓。

拿破仑出门征战时，法国骑兵部队不仅要拖载数不清的大炮，还要拖上一个"移动图书馆"（拿破仑自己设计相关细节），几千册图书堆积如山，以供消遣、反思和提高。他尤嗜戏剧，强烈认同高乃依作品中的主人公。他留下的全部作品（oeuvres complètes）共五十余册，文类众多，既有短篇故事和诗歌，也有启蒙话语和大部头的历史，还有苏格拉底式的对话录。

在他的风流韵事中，他首先是一个幻想家，更少形而下，更多形而上，深受记忆中卢梭的《新爱洛伊丝》（*La Nouvelle Héloïse*）、伯纳丁－圣皮埃尔（Bernardin de Saint-Pierre）的《保尔和维吉尼》（*Paul et Virginie*）的影响。在他对兵不血刃、无远弗届、即时畅顺的未来通讯（这是他的文本、技术和神学的综合体）的设想中，还有科学小说的元素。他试图重建巴别塔，期望每个人说同一种语言，用同一种思想思考。他也拥抱相对主义。作为启蒙运动之子，他在很多方面都是法国第一位后现代主义者，反讽，怀疑，绕来绕去，是自封的符号学家（avant la letter〔未定型的，发展中的〕），沉迷于能指的致幻潜能，是超现实的囚徒。皮埃尔－路易士·罗德雷（Pierre-Louis Roederer）回忆说，见面还不到五分钟，"我们就对万国语（一种通用的书写系统）以及符号对观念的影响问题进行了长时间交谈"。拿破仑认为，革命"无非就是像刺刀一样的观念"。所以，归根结底，所谓法国、欧洲、全世界，这些都是由军队大炮或支撑、或解构的概念。不过，由于他根本缺乏对现实的牢固经验感，所以他也能在追求幸福的过程中容忍数百万人的死亡。

虽然"拿破仑"、"帝国"这两个词已经无法分割开来，拿破仑却几乎让法兰西帝国开了倒车，在他任期结束时，帝国实际上已经不像刚开始那样广延了。所以，他在地上的真正贡献几乎为零。他的深远影响在于为法国人的心灵（不仅仅是法国人）打上了某种程度的帝国美学的烙印。拿破仑的世界观由浪漫的理想主义构成，但这并不意味着他具有一种朦胧、疏离的诗人的自我意识。奇怪的是，尽管身边总有法国大军相随，拿破仑却常常觉得自己像云一样在路上独自徘徊（虽然"像岛屿一样孤独"是他偏爱的隐喻）。他高估了想象和象征，低估了真实，而这正是他冷酷无情的根源。从本质上看，每件事，每个人，都是一部可以重写的小说，有编辑有遗漏，有创造有毁灭。不幸的结局——死亡，自杀，长期的折磨——从一开始就是拿破仑叙事的组成部分。

6  我的孩子们阅读那些"可怕的历史"（腐败的罗马人、邪恶的维京人等等），它们都大胆声称要"略去无聊的部分"。同样，拿破仑也害怕 ennui（无聊），故而亲自动手删节了卢梭的小说。所以，对于淡化拿破仑事业中壮观、血腥的那一面，且将之放在台下幕后，我自然也觉得焦虑，我不过是重新摆放出那些无聊的部分、舍去所有那些有趣的部分罢了。尽管如此，我希望《小说家拿破仑》依然是一个足够可怕的历史，就算没有贝多芬、没有成千上万的临时演员。

# 第一章　幸福奖

　　卢梭是在前往监狱途中成为作家的。当时是下午两点左右。

　　1749 年夏末，让-雅克·卢梭定期出门拜访因无神论和诽谤罪而被关押在温森城堡（Château of Vincennes）的狄德罗。他穷得付不起马车费，只好步行前往。好在歌剧院路距离狄德罗监禁地只有两里格（约三英里）远，那天他又是独自一人（往常总是与狄德罗夫人结伴同行），所以随身还带了些读物。

　　那是一个大热天，很容易就能想象出当时的情景来：卢梭迈开大步，沉思乡村风景，不时停下来在树荫下休息，翻几页书。其实，道旁树枝修剪得很厉害，几乎挡不住什么阳光。令人惊讶的是，卢梭仍然坚持一边走一边读。他说，这是为了不让自己大热天走得太快（见《忏悔录》）。这是一帧完全让人想不到的、在乡间孤独漫步（promenade solitaire）的浪漫主义者原型的快照。

8　　"科学够了，艺术也够了，"华兹华斯抗议道，"合上那些贫瘠的书本"，想要真理就得到树林中去。但如果卢梭在林中散步的话，他就只会将头埋在书里。如果他一头撞上树，只是因为他没留意自己身在何处。颂歌、商籁体、幻想曲，往往也描写山川、河流、森林、让人敬畏的原野。胸怀广阔的浪漫主义者的这一不同形象，很大程度上也意味着可以在章节之间暂停阅读。例如卢梭，他在巴黎郊外远足时就并未远离文学，而是把文学带在身边。乡村，也是理想的阅读场所。

　　所以，在前往温森城堡的途中，在走向自己的命运的途中，卢梭沉思的不是自然，而是本月的《法兰西信使》(*Mercure de France*)，这彻底改变了他的生活。《法兰西信使》是一份知识分子杂志，刊载宫廷、艺术圈新闻以及科学、哲学问题（包括一幕短剧、伏尔泰的一首情诗、一首歌曲、一篇关于炼金术的论文）。在从巴黎前往温森城堡途中，卢梭浏览这些 "pièces fugitives en vers et en prose"（诗文短章）时，无意中看见了第戎学院 (Académie de Dijon) 发布的一则公告，原文大意如下（略有改动）：

　　第戎科学与文学院告全体学者，由 30 皮斯托

尔和一枚金质奖章组成的1750年道德奖将颁给为
以下问题提供最佳答案的作者：

艺术与科学的进步是提高了还是败坏了风俗
习惯

法语、拉丁语均可。1750年4月1日截稿。颁奖
仪式将于1750年8月23日星期天在学院公开举行。

对于卢梭而言，前往狄德罗监禁地的旅程，相当于
保罗前往大马士革，正是在途中他经历了决定性的转
变。读到第戎征文题目的这一刻，就像准宗教启示、显
灵、启迪、禅宗顿悟一般，他"变成了一个作者"（见他
的回忆），"看见了另一个世界……变成了另一个人"。虽
然他曾为狄德罗（还有达朗贝尔〔d'Alembert〕）主编的
《百科全书》(Encyclopédie) 撰写过条目，但只有在面对第
戎征文——这将成为他的"第一次话语"——的挑战
时，他才"突然被数千道阳光照得目眩"。
　极其令人兴奋的形象、观念、论述、真理奔涌而来
淹没了他，他开始觉得虚弱无力，不得不倒在一棵橡树
下休息了半个小时，后来竟发现自己的外套前襟被自己

的泪水湿透了。在继续前往温森城堡的整个途中，一种
"谵妄"状态抓住了他（后来稍微减弱为一种长期的
"沸腾"状态，在接下来的四五年间经久不衰）。他向狄
德罗出示了一份"法布里休斯拟人法"（Prosopoeia to
Fabricius）草稿——这份颂扬武德、贬低进步观念的草
稿，是他在树下用铅笔匆匆写就的——狄德罗也适时鼓
励他争取第戎奖金。不只是"第一次话语"，卢梭后来
的整个人生都取决于（或用他自己的话来说，"迷失
于"）这一小小插曲的必然后果。后来，他将会哀叹自
己最多只能将自己在那棵果实累累的树下"看到、感受
到"的四分之一记录下来。

Napoleone Buonaparte——将会变成 Napoleone Bona-
parte、第一执政、皇帝、救世主、暴君——把自己看成
是卢梭的同一代人。年轻时，他渴望像他的榜样那样经
历同样的变形，一次地震般的经历就能为他永远贴上作
家的标签。读到决定命运的那期《法兰西信使》杂志
时，卢梭年近四十。拿破仑则早得多，像卢梭那样决定
命运的神秘机会出现在他面前时，他才年仅二十岁。

拿破仑（他声称）九岁时读到卢梭的书信体爱情故
事《新爱洛伊丝》，十多岁时又接着读了卢梭的这篇《论
科学与艺术》。毫无疑问，卢梭是他的第一个也是最持
久的文学偶像（虽然能否超越他的影响始终值得怀

疑）。卢梭和拿破仑都是外来人，一个来自日内瓦，一个来自科西嘉岛，他们要比本地人付出更多努力才能打动他们的第二故乡。比起卢梭来，拿破仑对后来尼采所谓的"永恒回归"（Eternal Recurrence）更敏感，拿破仑后来也被尼采视为自己的偶像之一。尼采认为，历史，即便不是重复自身，至少也是循环的，甚少变化；同样的内容，以不同的排列方式一次次重复出现，就像商籁体中的节奏一样。

所以，必定是怀着一种确定无疑的感觉，相信命运终于敲响了自己的大门，1790 年拿破仑打开报纸，读到了下面这则启事：

里昂及邻省报                              11
    1790 年 2 月 18 日（第 7 期）

    里昂科学与文学艺术学院
    计划摘要

    1791 年雷纳尔奖

    学院提出下面这一问题作为雷纳尔神甫奖的题目：

需要将哪些最重要的真理和情感灌输给民众以增进他们的幸福？

奖金为 1200 里弗和一枚金质奖章。法语、拉丁语均可。1791 年 8 月 25 日截稿。获奖者将于 1791 年 11 月 29 日在学院大会中公布。

没有了献给国王的题辞，版式更加朴素，《里昂报》（*Journal de Lyon*）也不像《法兰西信使》那样享有声望。但，性质是一样的。

没有文献记载说拿破仑的眼泪湿透了他的外套，但就像卢梭一样，他也陷入了一种长期的"谵妄"状态，可能直到他死在圣赫勒拿岛时才告结束。

以鲜血和罪恶滋养的毁灭整个国家和个人财富的野心（他不久后这样写道）……就像所有不正常的激情一样，是一种猛烈的、未经思考的疯狂，只能随着生命本身的结束而结束。如同无情风助燃的火焰，只有烧毁所有一切才能停下来。

这把火，就是拿破仑的数千道阳光。他必定觉得自己面临的是一条富含宗教意味的律令，就像上帝在对他说："拿破仑，这是你的荣耀机会，抓住它！"他就是为此而生的。在科西嘉岛长大，在法国接受教育，着魔于卢梭的思想，他有太多的真理和情感，太多的幸福和不幸，足以写满一本书，更别说是一篇散文了。他将取决于此（或曰迷失于此）。

毫无疑问，拿破仑深信自己处在一个无法抗拒的历史交会点，他未来的整个事业都悬于此，因为当时他也正在前往探望狱中朋友的途中。或者，至少在他看来这是一个机会，因为他迫切地想到了那些先例。也有可能，拿破仑事先就得到了征文比赛的消息，因为那位狱中朋友和征文比赛的幕后发起者是同一个人：雷纳尔神甫（Abbé Raynal），纪尧姆·托马斯·弗朗索瓦·雷纳尔（Guillaume Thomas François Raynal），时而是耶稣会士、新闻记者、反教权主义的 philosophe（哲学家），时而是布道辞的影子写手、卢梭的朋友。雷纳尔实际上也算不上是蹲监狱，而是被流放（相当舒适）。这个南方人，脱离了教会，前来巴黎追求自己的文学事业，后被最高法院（Parlement）定罪，驱逐出境，因为他撰写了一部纪念碑似的（合著，肆无忌惮地抄袭）、关于欧洲殖民化的煽动性的历史著作——《欧洲人在东西印度殖民与贸易之哲学政治史》（*Histoire philosophique et politique des établissements et du Commerce des Européens dans les deux Indes*）。

拿破仑也不会忘记狄德罗的故事。雷纳尔是《百科全书》的撰稿人之一，而狄德罗也对这部《东西印度史》贡献良多。此书初版于1770年，两年后被官方查禁，因为"它大胆、危险、鲁莽的立场，有悖于良好的行为规范和宗教原则"。大胆、鲁莽，在雷纳尔很多更激动人心、半神奇的想法中并不少见，就像是一艘船必须插上长翅、加满油才能在风暴中破浪前进一样。但是，他更有争议、被视为易于击沉（或至少是动摇）国家这艘船的地方，在于他在欧洲扩张（无论向东向西）与专制、奴役之间直接画了一条线。换句话说，每个帝国都是不道德的，贪婪成性，仗势欺人，应该被暴力推翻。雷纳尔还对教会画了一条类似的线，所以他的著作因大不敬而被列入1774年的《禁书目录》（Index Librorum Prohibitorum）。《东西印度史》似乎谈及所有一切，包括谈及与自己相反的立场，但人们记得的只是那些有关于反抗压迫的激动人心的训示。

这或许是当时最有力的反殖民、反奴役的作品，狄德罗炮轰法国腐化和破坏塔西提岛这一世外桃源的《布干维尔游记补遗》（*Supplément au voyage de Bougainville*）一书也与之相呼应。不管查禁与否，这部作品都被人广泛阅读。雷纳尔最热心的读者之一就是年轻的拿破仑，叛徒、反抗者、狂热的反法分子。在拿破仑看来，科西嘉岛被法国人殖民，他决定要成为该岛的解放者。雷纳尔还为拿破仑的圣战提供了知识上、理论上的武器弹药。

到了 1780 年，雷纳尔又莽撞地允许《东西印度史》署名出版，还附上了一幅作者肖像：他向下看着自己的长鼻子，对所有暴政严厉地紧皱眉头。次年 5 月，签署了对他的逮捕令，他的作品（用 Avocat général〔代理检察长〕的话来说，"不虔敬，亵渎神明，富有煽动性，试图挑拨民众起来反抗君主权威、推翻社会秩序的基本原则"）被王室行刑者公开焚毁，雷纳尔逃离法国，游历了比利时、荷兰、普鲁士和瑞士。1785 年，雷纳尔获准归国，但也只能待在南方，远离巴黎。他在马赛找到了庇护所，这位著名的"自由使者"在那里广受欢迎，1789 年春，七十六岁高龄的他还当选市职（但他拒绝就职）。

拿破仑给雷纳尔写信时年仅十七岁，这封信由他的哥哥约瑟夫亲手转交，他在信中表示自己是雷纳尔这位大师和恩主的潜在 protégé（门徒）。拿破仑是一个"初出茅庐的历史学家"："我还不到十八岁，但我已经是一名作家了，这个年龄正应该学习。"在他这一时期的笔记本中，我们看到拿破仑字迹潦草地整页整页抄录《东西印度史》的原文和摘要（旁边还有一篇关于炮术的短篇论文)。

雷纳尔鼓励了这位年轻的追随者,"对他的知识深度留下了深刻印象"。雷纳尔是红极一时的偶像,他总是予门徒们以充分肯定,遍洒雨露之恩。对于拿破仑,他或许也欣赏他厚脸皮的请求,因为拿破仑反复提及自己在巴黎文坛的勤奋耕耘(那是四十年前的事了)。"每位初学者,"拿破仑对他说,"都必须让自己依附于一位声名卓著者。"四分之一个世纪之后,马赛人将会胜利地欢呼法国军队败走滑铁卢,他们对帝国对海上贸易所造成的破坏性后果早已怀恨在心。但 1789 年夏,对于拿破仑和他的作家抱负,马赛和南方报以微笑。在前往科西嘉岛途中,拿破仑拜访了自己的导师,用他自己的话来说,是"以自己的崇拜对他纠缠不休"。雷纳尔对他的历史计划赞许有加,让他相信法国文学还缺少一部优秀的、具有强烈反法立场的科西嘉史。拿破仑应邀参加了(或曰"成为装饰",就像更具装饰性的拉斯卡斯伯爵〔Comte de Las Cases〕所说的那样)一群活跃的知识分子的午餐会,与雷纳尔的流亡伙伴和其他崇拜者们交换各种颠覆性的思想。

无疑,拿破仑这时也会把自己看成是他们的同路人:启蒙运动的知识分子之一,自然也是反对派人士、流亡侨民、持不同政见者、作家。身为法军中尉，拿破仑已经身陷麻烦，他曾因在食堂过多谈论政治问题而受到处罚，那里的规则是对重大事务保持缄默，拒不作证。但他已离开奥克松（Auxonne）营地开始休长假。不过，在军队看来，他当时实际上是擅离职守了好几个月。甚至连拉斯卡斯（拿破仑《圣赫勒拿岛回忆录》〔*Mémorial de Sainte-Hélène*〕的作者）也承认他经常性的长期旷职激起了军中同袍的"强烈嫉妒"。他们还试图把他扔进索恩河（Saône，他们已经把他高高举过了头顶，最后却退缩了）。还有一次，与另一位军官的决斗也安排好了。在奥克松，拿破仑是军团知识分子，是读书狂，是克里斯多夫们中的西拉诺。而在马赛，在雷纳尔家中，身边都是知识分子、流亡者、麻烦制造者，他感觉像是回到了家里一样。

《东西印度史》显然缺乏妙语、机智和悖论（对于十八世纪而言）。似乎雷纳尔决定以数量压倒敌人，数量就等于论述的质量，他左右通吃，大胆剽窃，堆砌形形色色的文献资料和耸动视听的逸闻趣事（引用他人作品时甚至拒不使用引号，阿纳托尔·福格尔〔Anatole Fèugere〕准确地称那些人为"无意识的合作者"）。雷纳尔，相貌非常丑陋，本能地对美漠不关心，同样也不留意文体和美学问题。内容越多越好，形式无关紧要。

霍勒斯·沃波尔（Horace Walpole），亲法文人，哥特小说《奥特朗托城堡》(*The Castle of Otranto*) 的作者，1765 年在巴黎霍尔巴赫男爵 (Baron d'Holbach) 家中的晚宴上与雷纳尔结识。他被雷纳尔尼亚加拉大瀑布般的问题所淹没，只好装聋作哑 (雷纳尔发现这一伎俩后怒不可遏)。但是，十年多以后的 1777 年，他邀请雷纳尔来到自己在草莓山 (Strawberry Hill) 的家中，成为了那部历史著作的忠实崇拜者 (当然，雷纳尔也责备他家过分奢华)。沃波尔将此书视为一个令人钦佩，但万万难以企及的综合体。他对这样一部简明扼要、自相矛盾的作品的简要总结(见于 1772 年的一封信函)，或许也是对想要成为雷纳尔的拿破仑，对拿破仑那些各种性质的、多达五十余卷的作品的一种公允概括：

> 它告诉你世上的所有一切，如何征服、侵略、捅娄子、解决问题、破产、发财，等等；告诉你所有国家的自然史和历史；它谈论商业、航海、茶叶、咖啡、瓷器、矿、盐、香料；谈及葡萄牙人、英格兰人、法国人、荷兰人、丹麦人、西班牙人、阿拉伯人、大篷车、波斯人、印度人、路易十四、普鲁士国王；谈及稻米和裸舞的女人；谈及骆驼、格子布、平纹布；谈及成千上万的里弗、英镑、卢比、货贝 (gowries)；谈及铁器、缆绳、切尔克斯女

人；谈及法律、密西西比；还反对所有政府，反对所有宗教。这些，还有其它所有一切，都见于前两卷。我无法想象其它四卷还可以谈论些什么。而所有一切又都混杂在一起，你在一章中就能学到四十种新贸易，学到五十种新历史。

可能正是在雷纳尔那些闪闪发光的午餐会上，拿破仑在读到那份《里昂报》之前就风闻了征文比赛一事。十八世纪中后期，是文学、科学征文比赛的全盛期（将 <sub>16</sub> 卢梭送入"谵妄"状态的那期《法兰西信使》杂志，同时还刊载了另外两则征文启事，一是法兰西学院的诗歌奖，题目是"法国民众对国王的热爱镌刻在他们的公共纪念碑上"；一是散文征文，题目是"欢呼的性质与形成"。《里昂报》则发布了其它七则征文奖启事，题目五花八门，包括葡萄酒的化学分析、如何制造防水皮革、元气为什么上升、毛呢服装制作等）。雷纳尔是主要的命题者。1780 年，借着自己作品声名远扬的东风，雷纳尔按照第戎模式，在里昂科学与文学艺术学院发起了征文比赛，获奖者奖金定为 1200 里弗。当年他拟定的题目是"美洲大发现的利弊"，但 1200 里弗（数目超过拿破仑一年的薪俸）原封未动。同一个题目，相继在 1785、1787、1789 年重新出现。总共大约五十名参赛者，他们每一个人都遭到拒绝，被认为不配得奖。"来的是一群软弱无力的运动员，"里昂学院这样说道，"擅长雄辩的哲学演说家却不肯屈尊让人听见他们的声音。"

所以，这1200里弗在整个1780年代都无人认领。从某种意义上说，雷纳尔回答了自己的问题，他在自己那部历史著作增编本第九卷（1780—1783）卷末以"反思发现新世界对欧洲的影响是好是坏"为题，着重强调了坏的一面：

> 由于哥伦布、达伽马（da Gama）的大胆远征，欧洲各国出现了一种前所未有的狂热，即对发现的狂热。我们已经穿越了、还将继续穿越所有的气候带，我们越过地球的这一极到了那一极，我们寻找新大陆以供侵略，寻找新岛屿以供掠夺，寻找新民众以供劫掠、征服和屠杀。

志同道合的拿破仑在自己的《论幸福》一文中呼应了这种看法："法国人！……我们对美洲的伤害已经够多的了。"

17　　1780年代末，四次重复的同题征文毫无结果，雷纳尔和他的中尉们打起了更改题目的主意。可能是太难了。以奴隶贸易和土著人待遇为题，如何？雷纳尔建议说。但这类话题在里昂似乎太敏感了。最后，他们决定以幸福为题，即如何将最重要的真理和情感灌输给民众以增进幸福："Quelles véritiés et quells sentiments importe-t-il le plus d'inculquer aux homes pour leur bonheur?"这个话题表面看起来不那么棘手，但从某种意义上说，它包含了之前的那个问题，还拒绝了其它答案：只要真理和情感是正确的，只要说服教育的措施是有效的，就有可能避免过去所有那些源自于欧洲扩张的悲剧——不幸。所有那些犯下种族屠杀、征服劫掠罪行的欧洲人，只是因为错误的思想盘踞在他们心中，他们只是被教坏了。所以，雷纳尔和里昂都对改正错误持乐观态度，十八世纪末的启蒙运动，无疑都在他们掌控中。对于那位能够一举解决所有根本问题、彻底消除苦难不公、最后建立一个幸福王国的散文家来说，这1200里弗确实是不算过分的奖励。毫不夸张地说，这样的一篇文章原本是可以拯救世界的。

从一开始，拿破仑就觉得奖章会刻上自己的名字。好兆头四处可见。雷纳尔不是鼓励他参赛吗？对于一个辉煌的文学事业而言，一切晴好。他的真理和情感渤涌而出。雷纳尔得到了一份题辞（算是引用他的那本历史著作："政府自由即是道德。"）和一种呼语法（apostrophe，一种以第二人称对实际不在场的听众致辞的修辞手法）：

> 杰出的雷纳尔，在致力于消除世间大偏见的一生中，您对受苦的人和被压迫者抱着不变的热情，今天，所有这些掌声是很多很多受您感召而获得自由的人在向您致敬，您屈尊对一个狂热门徒的所有努力报以微笑，他的文章常常受到您的鼓励。我所关注的问题都将打上您的烙印，但我绝没有挑战您地位的非分之想。就像柯勒乔（Correggio）一样，我对自己说：我也是一个画家。

这几乎就是赤裸裸的阿谀奉承。但比赛并未规定禁止此举。雷纳尔也不反感某种程度的英雄崇拜。《论幸福》的内容与《东西印度史》的颠覆性传统一脉相承：它反对所有书本，反对专制，反对独裁，既反对情感也反对理智。而且，恢弘壮丽、慷慨激昂的文风，也是纯雷纳尔式的。不过，结尾部分则是自我贬抑的："我相信总有人会获得这次大奖，一想到我通过自己的努力增加了胜利者的胜利就觉得安慰。"一开始，拿破仑就从战争和征服的角度看待写作，这一次，他失败了。但是，这种谦虚仅仅是客套话，他非常自信，觉得1200里弗已经稳稳落入囊中。况且，他确实需要这笔钱。他抱怨说，他不得不放弃咖啡，以干面包果腹，一天只吃一顿饭。而且，他还要照顾自己的弟弟路易士，路易士也在奥克松他的麾下（考虑到这位哥哥的苦修生活和学究气，难怪路易士很快就闹着要回家，虽然他后来也转而涉足诗歌和小说）。

但是，拿破仑并非鲁莽冲动地闯入文学。他让自己打了一场持久战，做了研究和准备。1790年，他可能在科西嘉岛（阿瑟·裘格特〔Arthur Chuquet〕绘声绘色地形容说是在"海边漫步"时）就曾与哥哥约瑟夫讨论过这一计划。1791年春夏时节回到大陆后，这一计划就确定下来了。他先是驻扎在东部的奥克松，后又去了南部的瓦朗斯(Valence)。像往常一样，他的军人职责又得靠边站了。"他的整个记录，"诺伍德·扬（Norwood Young）说，"服役两年，擅离职守超过三年。"（他设法延长了假期，理由是自己患有贫血症，需要服用欧润嘉矿泉水。他逾期归队，但却以地中海风暴延误归期为由，令人难以置信地骗领了整个离职期间的薪俸。）

法国大革命如火如荼，全国各地爆发了大大小小的骚乱，巴士底狱被攻陷（1789年7月），路易十四的政权摇摇欲坠，法国间歇性地朝着大恐怖螺旋式前进，拿破仑则抱着一位狂热大学生的所有学术热情思考如何才能最好地实现幸福这一问题。"在一片沸腾之中，"裘格

19

*25*

特这样写道,"拿破仑仍对文化如饥似渴,像过去一样投身于严肃的研究工作。"1789 年 7 月 19 日,革命狂热甚至击中了奥克松,当地人揭竿而起,焚烧税务记录,捣毁包税人的办公室。拿破仑所在的拉斐尔团(La Fére Regiment)袖手旁观,后来还喝得醉眼蒙眬。

里昂征文比赛是一次机会,稍纵即逝,拿破仑不想错过。他像奥林匹克运动员一样开始知识训练,争取适时冲上顶峰。首先,他开始收集词汇和原始资料,他将召集军队正面冲击文学荣誉。在一个小房间中,靠窗的桌子上高高堆放着书本和纸页,他有时一天工作八小时才停下来吃那一顿寒碜的饭。难怪他纤细瘦弱,脸颊凹陷,肤色苍白。

这一时期,苦行僧似的拿破仑从未去过咖啡馆,也没有任何社交:

> 我活得像一头熊,总是独自待在我的小房子里,与书本为伴,它们是我唯一的朋友。我得到这些书,买到这一幸福,只是以极度的贫困为代价!为了厉行禁欲,在总共 6 里弗中我控制自己只花 2 埃居,我让自己像孩子一样高高兴兴地来到一位住在主教家附近的书店主的店里。我常常怀着一种可耻的欲望擦洗他的银器;在囊中有钱买下它之前,

一本书我得痴心妄想很长一段时间。这就是我年轻时的快乐和堕落！

1791 年，从 4 月 10 日到 8 月 1 日，他的整个夏天 都处于贫困和渴望状态，对开本大小的笔记本上，写满了抄自梵文和印加语的外来词汇、华辞丽藻、生词僻字、科学术语以及各种冷僻术语。拿破仑的笔记本变成了一座小巴别塔。

Ichthyophage（"鱼食者"），rhizophage（"草食者"）——二者都会出现在《论幸福》中——lama（"西藏喇嘛"），bibliograohie（包括"艺术"和"科学"），paléographie（"释读不同时代的文字和法语中的异体字"），assafeta（"西班牙女皇的贴身侍女"），particularisme（"本位主义"）：拿破仑对词汇的渴求没有止境，遍及全球。他掠夺档案，抢劫历史、回忆录、小说（《阿尔西彼得》〔Alcibiade〕，由兰吉尔·列托德〔Ranquil Lieutaud〕据米斯纳〔Miessner〕的德文版译为法语）、游记（考克斯〔Coxe〕的《瑞士游记》〔*Voyage en Suiss*〕）、伏尔泰、伯纳丁－圣皮埃尔的《印度人的茅屋》（*De La chaumière Indienne*）、阿里奥斯托（Ariosto）的《疯狂的奥兰多》（*Orlando Furioso*）。拿破仑是十八世纪最后的伟大的自主学习者，这个心灵英勇地试图无所不知。他追随狄德罗和雷纳尔的足迹，他的笔记本是一个人的《百科全书》，是《东西印度史》的扩充，是一种打乱了从 A 至 Z 这一顺序的知识，是一部有缺陷的、偏重生僻字的词典，史诗般的努力将封建制度末期、政治震荡变迁期现有的所有知识囊括在内。

仅 1791 年 5 月一个月，孜孜不倦向学的拿破仑就写满了好几个笔记本，全是原文摘录和相关评论，内容涉及伏尔泰（《论从查理大帝至今的通史和各国风俗》〔*Essai sur l'histoire général et sur les moeurs de nations depuis charlemagne jusqu'à nos jours*〕）、马基雅维利的《佛罗伦萨史》（*History of Florence*）、杜克洛（Duclos）的《秘密回忆录》（*Mémoires Secrètes*），德劳尔（Delaure）1790 年出版的《从君主政体起源至今的贵族批评史，揭露它的偏见和罪恶，并证明它是自由、理性、人类知识的苦难根源，是民众和国王的永远敌人》，还有论法国教义的《格尔深的精神》（*Esprit de Gerson*）。

在"注意多样性"这一标题下，笔记第十九册将很多东西分类并置：Pecoil、Pezade、Pizarre 和 Pisse-Vache（母牛尿）一类，Autodafé（火刑）和 Apogee（极点）一类，各种各样的树木（椰子树、无花果树、菩提树、橘树、芭蕉），东西方政体和蒙特祖玛（Montezuma，墨西哥阿斯帝卡王朝末代帝王），形形色色的宗教和神职人员（法国马龙教派，犹太拉比，埃及科普特人，土耳其老爷，和尚），冰川和雪崩（瑞士称之为 Lavanges），乐器（tympanon〔扬琴〕），伊斯兰教神女（houris），城市（德里，贝拿勒斯，"印度的雅典"），博物馆和大学名称，香水，珠宝，花卉（郁金香："叶子是红色的，花蕊是黑色的，代表爱和绝望。"），疾病（甲状腺肿）和灾难（台风），1500 名太阳处子，代达罗斯（Daedalus，古希腊建造大师）和皮洛士（Pyrrhus，古希腊伊庇鲁斯王），孔夫子和琐罗亚斯德（Zoroaster，拜火教创始人），亚历山大和亚马逊妇女，撒克逊人和佛罗伦萨人，Merlin（灰背隼，亚瑟王的魔法师梅林）和 hippo-griff（鹰头马身有翼兽），轿子，bayadère（印度神庙中的舞女），托钵僧、贱民和马来酋长，商队驿站和巴扎（集市），变色蜥蜴和穴居人，满大人，婆罗门，克汀病患者。从美洲到中国，贯穿新世界和旧大陆，从太初到启示录，贯穿巫术、医学和神秘主义，没有什么东西与他的宏大计划无关。万事万物都混杂并存，是一个色彩斑斓的连续统一体。

　　三十多年后，当维克多·雨果为他的早期诗集《东方诗集》（Les Orientales）——此书将会成为浪漫主义的一张名片——撰写序言时，将会剽窃拿破仑的美学观："为什么就不能有一种文学，尤其是诗人的作品，能让人从其整体性中，例如，像西班牙那些美丽古城中的一座一样，发现所有一切呢？"早在拿破仑这里，就像后来的《东方诗集》一样，当你在河畔的橘子树下漫步时，你就会发现节日广场、蜿蜒曲折的街道、迷宫般的建筑物、嘈杂的集市、墓园、美轮美奂的剧院、一座绞刑架（悬挂的尸骸仍在风中摇摆）、藏在美国梧桐和棕榈树中的一座哥特式教堂紧挨着一座清真寺。

但是，如果所有一切都共存于一个巨大的、无所不包的综合体中的话，显而易见的是，政治和语言也就合而为一了。所以，拿破仑的笔记第十九册难免也会详述暴君崔祖士（Tryzus）的故事：

> （崔祖士）禁止他的臣民相互交谈。民众就用动作姿态代替语言以规避律法。崔祖士又下令禁止动作姿态。后来，一位臣民来到城镇广场中央，一动不动地站着，然后开始放声大哭。其他人跟着也这么做。崔祖士知道后急忙赶到广场不准人们哭泣，当场就被人杀死了。

22 在拿破仑看来，崔祖士就像是自己的对立面。拿破仑是自我表达的积极捍卫者，崔祖士则是审查制度和扼杀压制的化身。拿破仑是整个语言和文学，崔祖士则要将它们连根拔除。但是，囊括世上所有知识这一畸怪抱负，也有可能使得拿破仑暗自希望禁止书写，或至少是稍加删削。所以，他写下了"所有真相都已包含在120000年前（原文如此）用梵文写成的四个 beth（希伯来语的第二个字母）中了"这一看法。能有这么简单就好了。可以理解的是，他还应该在他的词典编纂中加上一个对他来说可能尚属陌生的词汇：Des soucis（焦虑），虽说他也知道这个词的意思。

不过，如果说拿破仑已经做好准备去拯救世界的话，他的当务之急也还是要先拯救自己。对于当时拿破仑问自己的一个问题"我怎样才能获得幸福"，《论幸福》首先给出了一个答案，这个答案就是写作。在这篇文章末尾，拿破仑写道："（写作这篇文章时）难道我不是更幸福吗？难道我没有实现这一目标吗？"书写似乎是最佳的解决之道。莎士比亚将这个问题凝练在哈姆雷特的独白中："生存还是毁灭，这是个问题。"在另一个时空中，拿破仑在他二十一岁时就已经死了，他亲自动手结束了他短暂的一生。他是一个时常被忧郁情绪、被对事物饱含泪水的强烈诗意所控制和吞噬的年轻人。

1786 年 5 月 3 日，十六岁的拿破仑就已写了一篇短小的沉思录《论自杀》（Sur le suicide）。文章开篇，诗人像云一样独自彷徨，"在人群中总是觉得孤独寂寞"，他不像华兹华斯、卢梭那样能在自然中找到任何慰藉（"人与自然相距太远了！"），性格内向而抑郁："我回到家中，再次回到内心的梦里，听凭满溢的忧郁的摆布。"他立刻就生出了一死了之的念头："既然难逃一死，自杀不是更好吗？"在他看来，似乎所有一切都糟糕透顶、令人生厌。

23　　　他在《论幸福》中写道，就像陷入漫天漫地的焦虑中一样，人会害怕"虚无和心灵那可怕的孤寂"。初稿最后一段，清楚说明了他如何看待自己那微不足道的存在：

　　　　如果一个人越来越不知道自己将会成为怎样的人，只是从一个 quartie（地方）到另一个地方苟延残喘他那单调乏味的生活；如果这个人展望未来只能看到可怕的千篇一律，每一天都重复相似；如果这个人问自己："为什么我会被创造出来？"那么，我相信，这个人是最不幸的人。他的身体出了故障，他的心灵丧失了人类应有的活力。一颗空虚的心灵怎能继续活下去？又怎能在生物的生活中履行人类独有的道德责任呢？如果他没有这些道德责任，那他就有福了！　这个人因琐屑细事而陷入了绝望。一点点挫折似乎都是难以忍受的灾难……在孤独的虚无中，将不会有内心的激情对他说：不，我不幸福！

　　大约一个世纪以后，社会学家涂尔干将会把这种功能紊乱诊断为"浪漫的失范"（Romantic anomie）。拿破仑则呼吁人们留意"梦想无限"的倾向（即"imagination déréglé"〔想象过度〕的危险），他还以"les anxiétés de l'ennui"（无聊的焦虑）为题预言了波德莱尔的恶之花："当 ennui（无聊）占据了一个人的心灵时，悲伤和黑色忧郁也就接踵而至。如果这种抑郁状态长期持续下去，他就会选择自我了结。"《论幸福》一文的核心部分，都是各种有关于死亡、尤其是自杀的婉转说法："让自己死亡"，"把自己开膛剖肚"，"亲手消灭自己"。似乎拿破仑把军队看成了切腹自杀的一种体面方式（他后来的小说《克列松和欧仁妮》〔Clisson et Eugénie〕也的确如此）。 是雷纳尔的征文比赛把他从死亡边缘拖了回来。尽管如此，他还是借着《论幸福》这个机会，沿着卢梭主义者自然之子的历程 —— 出生，成为父亲，最后的死亡 —— 演练了一番自己的结局。

　　拿破仑辞别朋友和家人的告别演说，令人难忘地想到希尔顿（Hilton）《消失的地平线》（Lost Horizon）中的大喇嘛（"喇嘛"一词也见于拿破仑的词典）之死："再见了，祝福你们，愿我的祝福守望你们圆满幸福。" 24

这是一种平静的、禅宗般的声音，自愿拥抱身体和灵魂帝国的消逝，以阿波罗的冷静沉思抑制了酒神狄奥尼索斯的狂暴激情。死亡是"douce, désirable même"（"温柔的，令人向往的"），是虔诚心愿的圆满实现。谁受得了？"当生命不过是一种负担时，所有一切都宣告说死的时候到了。"《论幸福》隐含的结论似乎是唯有安详入葬才有幸福可言。甚至书写也不一定能对抗虚无："savant（学者）……研究，讨论，他的理性将会得到满足，但难道他没有心吗？各种知识的积累将会把他带到什么地方呢？""难道我不是更幸福吗？"这个问题看起来不仅仅是一个反问句了。其消极的一面才是认真的。这篇文章，或许以"论不幸"为题会更准确。

《论幸福》，很像一篇大学生作文，并没有真正回答问题。幸福就是死亡，真理则是……拿破仑紧抓着真理问题不放。他偶尔也会承认，过去或许曾经有过卢梭主义者的黄金时代，那时的真理会自动被说出来、被人理解。"应该将哪些真理灌输给民众"这个问题本身，正说明那些真理躲着我们。实际上，文学的存在，表明真理已经失去。"只有对真理和对人类的热爱，才能让读写社会充满活力。"虽然有证据表明拿破仑对法语语法的掌握有所提高，但这一大胆的未完成虚拟句式也说明真理在各种立场和偏见的迷雾中消失不见了："偏见横行，必无真理。"拿破仑将这一认识论（或曰反认识论）与权力和社会结构的整个问题联系起来："在国王至高无上的地方就没有人，只有被压迫的奴隶，和更可耻的压迫性的奴隶。"君主制禁锢真相就像它禁锢自由一样。在这样的社会中，只有"阿谀奉承的可悲景象和最应受到谴责的奉承阿谀"而已，道德、政治的科学则"受人漠视而枯萎凋谢，或是陷入晦暗不明的迷宫而变得缠绕混乱"。

　　拿破仑把自己的写作比作一段穿越惊涛骇浪的航程。"如果要为一段以船舶失事而著称的航程规划路线，我只会听从航行目的的引导……在我的航线上，我只会偶尔遇见那些迷失方向的人。"卢梭无疑也会是迷途者之一。在准备撰写《论幸福》时，拿破仑仔细重读了卢梭的《论科学与艺术》。就像卢梭走路时眼不离书一样，拿破仑阅读时也总是笔不离手，随时写下自己对眼前这篇文章的不同意见。"我不相信它的每一个字"，"我不认为是这样"，这些说法回荡在他的笔记本中。例如，拿破仑就不相信"自然状态"。其实，卢梭也不相信。这两个作家之间还存在更深层面的一致性。

　　在提交给第戎学院的论文中，卢梭认为艺术和科学腐化而不是净化了我们的道德。不过，他将艺术和科学视为社会总体的同义词，认为艺术和科学体现了"社会制度的所有矛盾"。完全处于光荣孤立状态的前社会中的个体，与其说是"高贵的野蛮人"，还不如说他既不是特别好也不是特别坏。是社会的发展将我们拖入了伪善、欺骗、犯罪和奴役的深渊。总而言之，到了十八世纪后半叶，我们全都变得比野蛮人更野蛮。虽然从某种意义上说"艺术与科学"应对此负责，但也不能简单地倒转时光，不发明社会，让社会回复到假设的零度状态。不能这样，使我们堕落的同样也能吊诡地使我们再生。例如，这篇《论科学与艺术》就有可能对人类境况带来有益影响，让我们关注这一真理——卢梭承认，就算不是真理，"我也视之为真理"。

26　　　正是在这个意义上，拿破仑追随了卢梭的道路，尽管有所批判、较为审慎。"哦，卢梭，"他以典型的雷纳尔式的呼语法写道，"为何您只活了六十年！您本应不朽于世。"（又是一个复合的"只要"〔if-only〕语法结构）自然而然，他还重申了人权平等："我们生而没有平等的资源，但毫无疑问，却拥有平等的权利。"但是，通往公正的道路，需要将那些"真理和情感"——或曰拿破仑所认为的真理——灌输给男男女女们以增进他们的幸福，从而扭转我们长久以来的衰败。卢梭肯定是以一种矛盾的态度对待自己的媒介的，艺术和科学既是我们道德堕落的同谋，又是救赎我们的工具，或许还是唯一的工具。被腐化的，也能被净化。这也是好几个世纪以来的读者觉得卢梭令人困惑的原因所在，他似乎随时都在改变他的腔调，时而进攻，时而退守。拿破仑也分享了卢梭的矛盾态度，对于书写和语言，对于艺术和科学，一句话，对于整个文明，他时而偶像化、时而妖魔化，时而肯定、时而否定，有时甚至在同一个句子中他的观点也野蛮地相互撕扯，时而主张改革，时而主张修正。所以，上个世纪初的诺伍德·扬难免会抨击拿破仑作品的明晰性，甚至还说它们缺乏明晰性："十八岁的拿破仑，还不能清楚地表达他自己。他从未克服这一缺陷。据说威灵顿（Wellington）'在他的所有信函中几乎就没有哪一个句子模棱两可'，拿破仑则完全相反，就像他的字迹难以辨认一样，有时候很难理解他的意思。"所以，近来弗兰克·麦格林（Frank McGlynn）又将《论幸福》解读为"准法西斯主义的"，文森特·克罗宁（Vincent Cronin）的看法则较为宽厚，说"他的人生目标是为他人谋'幸福'"。

卢梭从音乐的角度来看待自己的作品（他曾以记谱员为生），认为和声优于旋律。大概正是出于同样原因，安东尼·伯吉斯撰写了一部关于拿破仑的小说，题目就叫做《拿破仑交响曲》。在伯吉斯看来，或许不应从

贝多芬式的激昂的 Sturm und Drang（狂飙运动）的角
27  度，而应以与巴赫管风琴托卡塔曲相对应的冷静的文学
形式来对待拿破仑。在托卡塔曲中，有时候旋律线对位
不仅相互对立，还彼此交叉跨越（尽管这类对立交错还
不够清楚有序）。拿破仑（更像是厌恶书本、热爱树林
的华兹华斯式的诗人）的征文写作，始于与谎言盛行有
关的一种文学批评，但他最终还是抱着通过知识启蒙而
获得拯救的希望（所以，实际上，他带着他的书上
路）。大革命本身被视为书写和思考的实际结果："经过
二十个月的努力、斗争和最激烈的冲撞终于获得了自
由，这将成为法兰西的光荣、哲学和文学的光荣的永久
证明。"文字可以做成大事，观念可以带来革命。这解
释了拿破仑何以在大革命期间更愿意砥砺他的思想而不
是擦亮他手中的枪。

经过大约一年多的深思熟虑，经过两个季度的集中
阅读和写作，虽然拿破仑觉得还没有说出所有一切，但
他终于还是在 1791 年 8 月某日向里昂学院提交了自己
的《论幸福》，这是截稿的 8 月 25 日前提交的最后一篇
征文（另有一篇文章提交更晚，但也获准参赛）。从这
一刻起，在里昂考官眼中他被称为"第 15 号"。获奖征
文既已送出，付出了长期脑力劳动的拿破仑在 9 月奖励
了自己一个长假，好让自己从写作《论幸福》的严格刻

苦中恢复过来。不足为奇的是，据说（但也被竭力否认）不少战友对拿破仑的又一次休假心怀不满。他花了好几个月的时间写他的幸福征文，现在他又要去科西嘉岛度假！

后来之所以出现以"大恐怖"著称的那些现象，原因众多。但其中一个原因肯定是国王的士兵们（或曰共和国的士兵们，1791 年 7 月拿破仑重新正式宣誓效忠于立法议会）在关键时刻把时间都花在了休假上。甚至军队也隐约意识到了这一点，并于 9 月 8 日下令暂缓所有休假。但太晚了。拿破仑已经消失在又一个长达三个月的假期中了。写作了那么久，现在是时候起身去追求幸福了。先理论，后实践（这是标准的拿破仑式的顺序）。

28

尽管翁贝托·艾柯在欧洲范围内的调查结果表明法国大革命最英勇的人物是拿破仑，但事情真相是，拿破仑虽然在场，很大程度上却又缺席不在。如果他仍像刚到巴黎时那样以商籁体写作的话，很可能他会像同样身处动荡时世的夏尔·波德莱尔那样写出这样的句子来："暴乱徒然地在我的窗前怒吼，不会让我从我的书桌上抬头。"这可能略有些夸大其词，但同样像波德莱尔一样，也只是略微夸张了一点点而已。"当他工作时，"亚历山大·马吉斯（Alexandre des Mazis）回忆拿破仑说，

"为了更好地沉思，他会拉上房间的百叶窗。"

看起来，拿破仑最多只是一位偶尔同情（但也容易沮丧）大革命的旁观者。1792 年 8 月 10 日杜伊勒里宫（国王居所）遭受最为猛烈的一次攻击时，拿破仑仍然原地不动作壁上观。在这次攻击中，大革命的诸多特征一一就位：国民自卫队，bonnets rouges（红帽子），sans-culottes（无套裤汉），雅各宾党人，来自布雷斯特（Brest）的 fédérés（联盟派），马赛义勇军，无数戈矛（但也只是暂时的障碍），还有最后在王宫石板路上被碎尸万段的瑞士近卫队。而拿破仑，手拿笔记本的古怪的人类学家，早期的存在主义者，却备受自己的忧郁症的困扰，大多数时候仍然是一个消极冷漠的路人和观众：

从这所房子里（朋友布里昂〔Bourrienne〕的兄弟的房子，位于杜伊勒里宫前的卡鲁索广场）……我能看到一天的各种事件露出它们血淋淋的全部细节……在前往那里的途中，在 rue des Petits Champs（小田野路）上，我被一群可怕的人拦住问话，他们正把一颗人头挂在矛尖上游行。他们见我衣着相当整洁，认为我是一名绅士，就走过来要我高喊 "Vive la Nation！"（国家万岁）——可想而知，我毫不犹豫地照做了。

他唯一的一次介入（如果他哥哥约瑟夫所言可信的29话）虽然英勇但也是消极的：他劝阻一名嗜杀的马赛人不要杀死一名瑞士近卫军，和马赛人大谈南方的团结。当妇女们从倒下的尸体上截取战利品时，他限制自己只是旁观这令人着迷的可憎景象。

与其说写作避开了大革命的危险，还不如说大革命提供了一个机会，让他的注意力得以从内心的挣扎、刻苦的研究和对平静寂灭的长期向往中转移开来。不过，在1791年夏秋之末，拿破仑心心念念的还是像卢梭那样领受文学荣耀，他等待着里昂公布文学奖得主。11月29日，裁定结果出炉了。在经过这个高烧的创作之夏后，冬天也慢慢逼近了。

著名的评审团五强组，由康皮涅斯（Campig-neules）、雅凯（Jacquet）、马东·库尔（Mathon de la Cour）、瓦塞耶尔（Vasselier）和德萨维（de Savy）组成（他们中没有任何人留下过任何出版物）。瓦塞耶尔说"第15号是一个很明显的梦"，这或许还不会令拿破仑不快。康皮涅斯的看法则让人备受煎熬："第15号不会得到学会委员的更多关注。这或许是一个情感丰富之人的作品，但它太不善于谋篇布局，毫无关联，杂乱无章

(décousu，字面意思是'未缝合的')，文笔也太差，毫无吸引力。"弗里德里克·马森（Frédéric Masson，坚定的拥拿破仑派）认为这些关于拿破仑的作品"连平庸都算不上"的评价难以理解。的确，《论幸福》并不是一篇条理清晰、连贯紧凑的作品，更像是他那些笔记本丰富内容的泛滥无归。它有开篇、正文和结尾，却不一定遵循这样的先后顺序（就像戈达尔形容自己的电影一样）。第15号毁于他那过于庞大的野心，毁于他那些思想惊人的无序性、异质性。在这篇文章中，连贯性并不是拿破仑最强烈的诉求。不过，就像是作为对这些糟糕评价的回应一样，连贯性将会成为他的一生事业。

只有一篇文章——作者为皮埃尔·多努（Pierre Daunou），第8号——获得了"mention honorable"（荣誉奖）。1793年，多努又以这篇文章的修订版最终摘得雷纳尔奖的桂冠。（圣伯夫后来评论说："因其纯净、优美、典雅的风格，多努荣膺大奖当之无愧。"）在既是挽歌又是颂歌的《圣赫勒拿岛回忆录》中，拉斯卡斯彻底修正了考官们的意见，说"这篇匿名文章（即拿破仑的文章）备受关注"（拉斯卡斯甚至弄错了文章标题），还赢得了大奖。有可能，拉斯卡斯是受了拿破仑的误导，因为圣赫勒拿岛上的爱尔兰医生巴里·奥米拉（Barry O' Meara）也以为里昂文学奖的第一名是第15号。

塔列朗（Talleyrand，拿破仑的外交大臣），更像是马基雅维利主义者而非萨德式的虐待狂，曾拿这篇文章来折磨皇帝。拿破仑极不明智地回忆起《论幸福》，结果一周之内，塔列朗就从里昂档案中翻出了原稿，把它呈给作者，还恭贺他获得了金奖。拿破仑翻阅几页后暴怒不已，一把扔入火中。他忘不了里昂学院那帮傲慢自大的蠢货把他拒之门外的刺痛。

1792 年 8 月围攻杜伊勒里宫期间，拿破仑回到巴黎，继续修改他的《论幸福》："我的作品完成了、修改了、抄好了，但现在不是寻求出版的时候。而且，我再也没有想当作家的小志向了。"换句话说，他拒不放弃幸福，同时又否定了幸福。这与他要回到自己的军团有一定关系，但更是因为他当时的主要活动都与天文学有关："这是迷人的消遣，又是超凡的科学。"甚至就在他不断修改《论幸福》的同时，他还扬言要抛弃所有一切，要躲在星星中抚慰大革命和写作带来的痛苦失意。这种矛盾心理——永远徘徊在语言的魅力和愤怒的祛魅之间，徘徊在固执己见与自我审查之间——在他的整个事业生涯中将会一再重现。

与此同时，雷纳尔神甫还在继续为征文比赛命题，一次是为法兰西学院（还是 1200 里弗，奖给一篇"文学作品"的作者）命题，还有一次是为巴黎 Académie

Royale des Inscriptions et Belles-Lettres（王家铭文与文学学院）命题，题目是"希腊人和罗马人采取了哪些措施以维持法律、秩序和增进公民健康；我们能否受益于他们的行政管理知识"。不过，1790年、1791年、1792年连续三年以此为题的征文比赛，没有收到一篇参赛作品，整整三年都没有一个参赛者。法律和秩序这个话题不能激发拿破仑，幸福才是他的专业领域。征文比赛的黄金时代结束了。拿破仑，第15号，最终还是跻身于启蒙运动群星闪耀的散文家、演说家、文学奥林匹克的名人行列。《法兰西信使》、《里昂报》再也没有振奋人心的告示能够点亮光与火了。火已经够多的了。"鉴于明显缺乏参加这些比赛的热情，只要大环境仍不利于文学，且文学本身的破坏又迫在眉睫、在所难免，设置更多的题目也毫无意义，学院决定不再进一步组织征文比赛。"在可以预见的将来，不会再有征文比赛了（有可能连学院也没有了），不朽之路被牢牢封死了。

似乎是为了对这种趋势表示抗议，雷纳尔冒着付出生命财产的危险回到了巴黎，哀悼反散文的大革命进程。当时，雷纳尔被视为唯一健在的"大革命之父"，他的《东西印度史》对事件的影响可能要大过卢梭的《社会契约论》（Contrat Social）。但在马赛，自1789年夏以来，雷纳尔看到了骚乱、暴民、被洗劫捣毁的市政厅，还有米拉波（Mirabeau）的演讲。"头脑过于沸腾"。就像是悔过的色情作家担心自己的那些露骨描写会对公共道德产生不良影响一样，雷纳尔开始考虑在新版《东西印度史》中删减、淡化那些过于炽热激烈、慷慨激昂、蛊惑人心的长篇演讲（或以狄德罗的方式）。

　　1791年4月，当雷纳尔的流放令终于废除后，他动身前往北方，为自己拟定了一个新角色，即成为君主和民众之间的调解员和中介者，最后则成为仲裁者和法官，就像大革命也是一场需要裁决的征文比赛一样。5月31日，他的《致国民议会书》（Address to Assemblée nationale）在国民议会宣读，强烈谴责削弱国王权力、没收教会财产、各种暴力劫掠行径和"民众暴政"。这篇演讲，听上去无疑像是一位读完大革命这篇散文、发现其不足之处后的里昂考官在发表他的评判意见：一个"很明显的梦"，大革命不会获得金牌。在雷纳尔的造反意识形态高奏凯歌时，他本人却退缩了。雅各宾派四处散播雷纳尔号召弑君起义的训示，其他人（尤其是塔列朗）则将大恐怖归咎于他。从某种意义上说，每个人都在引用雷纳尔，除了雷纳尔自己。如今，他持反雷纳尔主义的立场，还抱怨自己被人误读了。

　　作者尚在人世，也就活该被人误读，这就是即时回应。罗伯斯庇尔不得不出面在所有人中偏偏救他一命，说这位神甫显然是个疯掉了的老糊涂。既然精神失常，也就无罪可判。不过，福格尔（雷纳尔的传记作家，对他持同情态度）声称，从一开始雷纳尔就是一个隐藏的君主主义者，他碰巧还拥有驾驭颠覆性辞令的天赋。福格尔还引用他的《英国议会史》(*Histoire du Parlement d'Angleterre*) 一书为证：

无政府状态比专制制度更有害几千倍。在我看来，我所说的都不证自明，我从来就不相信那些不是没有智慧的人和那些自称是哲学家的人看不出让国王屈服于大众反复无常的判断的荒唐愚蠢之处……我承认，赦免那位被控以包庇罪的亲王违背了法律，这的确有所不便。但如果每个人都有权反抗君主权威的话，政府就会发现自己不再有牢固的锚泊地，政策也会失去原则，叛乱合法化，革命此起彼伏……整个世界就会变成绝无可能理清的一团乱麻。

雷纳尔退出了活跃的政治生涯和征文命题活动，他回到乡间，于 1796 年去世。他将自己视为和平人士。"和平将会是人世间的终极幸福"，他这样写道，一句话就回答了长期困扰拿破仑的问题。不过，他所写的，几

33

平全都是战争和战争的后果。这难免与拿破仑形成对比：和平人士不断发动战争，反叛者却厌恶反叛。拿破仑终归还是雷纳尔最"狂热的门徒"。

写作《论幸福》几年以后，拿破仑将会带着《东西印度史》横渡地中海，开始他的埃及远征。正是在这段航程中，在纳尔逊带领英国人搜寻法国船只的同时，拿破仑在"东方号"上平静地主持了一场关于卢梭《论人类不平等的起源》的研讨会。或许，我们可以像人们形容雷纳尔那样形容拿破仑，"他的天赋是他手中的毁灭性武器，这一武器让他置身于那些一出现就伴随着动荡、剧变和毁灭的文学祸魁间。"拿破仑也爽快地承认这一点。他曾前往埃尔蒙翁维尔（Ermenonville）拜谒卢梭墓地，在这一坐落于小岛上的墓前沉思良久，然后转身对同伴斯坦尼斯拉斯·吉拉尔丹（Stanislas de Girardin）说道："只有未来才会告诉我们，对于这个世界的和平来说，如果卢梭和我从未来到这个世上是否不会更好些。"

第二章　岛屿和大陆

如果由雷纳尔神甫来命题，他可能会以设问的方式要求那些有志为文者撰写一篇散文。

以下命题何者为真：每个人都是一座岛屿，还是没有人是一座岛屿？8月前请将答案提交里昂学院。一等奖奖金1200里弗。

诗人约翰·多恩对这个问题的思考可能会有一丝反讽，甚或还有点一厢情愿，但他还是会认为"每个人都是陆地的一块土"。而拿破仑，如果他还会再次冲击文学奖的话，恐怕会持相反观点：实际上，每个人都是一座岛屿；但是，他会不遗余力将其他每个人都带到自己的那座岛上去，这是他那毫无关联、杂乱无章、破绽百出的《论幸福》中的一个"很明显的梦"。这样一来，他就会发现自己在可能的团结与实际的孤立两种态度之间悬而不决：一方面，在互联网之前，他就野心勃勃地瞄准了全球化；另一方面，岛屿及其固有的孤立寓意，又不时萦绕在他心头。

拿破仑的一生也可以用岛屿来丈量，在从科西嘉岛到圣赫勒拿岛的这段旅程中，还可标出马提尼克岛（Martinique，间接体现为约瑟芬）、厄尔巴岛（Elba）、巴黎。拿破仑将巴黎视为法国境内的一座岛屿。他不单是"来到"巴黎，而且还是乘舟"登岸"——左岸，他还把这个首泊港称为"拉丁国"。在埃及，沙漠是海洋，受到贝都因人（Bedouins）袭扰的法国纵队，"就像被鲨鱼掩袭的舰队一样"，沙漠中的绿洲则吊诡地成了岛屿。在拿破仑看来，整个世界无非就是一座座岛屿，由无数岩岬组成，勉强抵御大海的吞噬。当然，长远看来，岛屿也是不可能的，不可能永远与世隔绝。岛与岛之间可以架起桥梁连成一体，可以被兼并、被同化，直到不再有任何岛屿存在。"Sainte-Hélène，petite île"（圣赫勒拿岛，小岛），拿破仑在奥克松笔记本上草草写下的这行富有预言性的文字，是当时他自己身份的一种形象：十八岁的他就已完全与岛屿相认同，把科西嘉岛和自己都看成是受到狂风暴雨摧折、受到四面八方攻击的岛屿（阿贝尔·冈斯〔Abel Gance〕在其执导的一部关于拿破仑的大片中就曾利用过这一形象，剧中主人公在波涛汹涌的大海上驾一叶轻舟逃脱了追捕）。拿破仑的生和死，与岛屿的命运若合符契。只有冒险忽略拿破仑的整个心理状态时，我们才能忘记他的出生地和他所在的地理位置。

拿破仑生前（还有死后），关于其出生日期，存在一种荒谬的争论。夏多布里昂（拿破仑的崇拜者、回忆录作者，同时也是拿破仑的镜像、竞争者、敌人）称"Buonaparté"（他更愿意用意大利语拼读拿破仑的姓氏）生于1768年2月5日，而不是1769年8月15日。我们现在看来，这二者之间的区别无关紧要，甚至还荒唐可笑。但是，对于十九世纪初的法国人而言，夏多布里昂的说法很有可能是诽谤性的。拿破仑生年的这两种说法，实有天渊之别，涉及拿破仑究竟是意大利人还是法国人的问题。1768年5月15日，热那亚将科西嘉岛治权让渡给法国，科西嘉岛被兼并，政治上融入大陆。如果拿破仑出生在这一事件之后，他就是法国人；出生在这一事件之前，他就是热那亚人，或曰科西嘉人，是一个外国人、外来者。根据夏多布里昂这一反波拿巴主义者的说法，拿破仑是意大利人，他为了取得觊觎已久的法国国籍，对自己的出生日期撒了谎。还有，他的所作所为，都是为了让法国屈服的阴谋诡计的一部
36 分。他想要兼并法国，就像当初法国兼并科西嘉岛一

样。所谓的法兰西帝国，其实不过是凌驾于法国之上的拿破仑帝国。这是复仇政治、族间仇杀政治。

这种说法极为诱人，但正如拿破仑所一直坚称的那样，他的确是 1769 年 8 月 15 日（圣母升天节）出生在科西嘉岛西南海岸的阿雅克肖（Ajaccio），事实本身不容置疑。所以，无论是从名义上看还是从法律上看，他都是法国人。当然，事实本身也并不妨碍人们提出一种绝妙理论来。夏多布里昂说拿破仑没有法国性也是对的。吊诡的是，正是身为法国国内的外来人、身为暴发户的"老外"（Johnny，姑且不论司法细节），才使得拿破仑既获得了方方面面的认可，最终又落得个众叛亲离。纵观其一生，他始终是岛上居民，而不是陆地居民。无论身处何地，岛民总是下意识地觉得格格不入、无根无国，总是一个流浪者。他可以是任何人，也可以谁都不是。

不管将拿破仑的生年系于何时，也不管科西嘉岛的国家政治归属如何，拿破仑出身的突出特征都是地理学的、现象学的。从一开始，拿破仑就处于巨大敌对力量的包围之中。就像半个世纪后流放泽西岛（Jersey）的维克多·雨果一样，面对海浪所代表的自然界的原始力量，拿破仑立即心荡神摇，意为之夺。"大海的渊深包围着你，"他在《论幸福》中这样写道，"海浪拍打岩石，发出阵阵嘶吼，你会意识到这对于脆弱的旅人来说该有多么可怕。"这充分表明，岛屿背景——更确切地说是前景——正是他抑郁性格的根源所在："放眼大海之涯，看着落日庄严肃穆地坠入无穷之心，你会被忧郁所淹没，你会任由这一情感的摆布。没有人能够逃脱大自然所感发的忧郁哀伤。"大海不可逃避且暴戾无情，是"我的祖国痛苦与不幸的根源"。

但是，大海本身无所谓忧郁哀伤，不如说正是想到大海之外尚有更为广阔的陆地，且大得足以逃离岛屿状态，才引发了拿破仑的焦虑："我们原本会很幸福（如果没有出海的念头的话）。我们原本永远不会知道还有大陆的存在。哦，无知之福！"孤独完整的岛屿是天堂，地狱则在别处。这里，拿破仑具体充实了他对不幸的看法。他举例说，塔希提岛的原住民邦塔维瑞（Pontaveri），跟随航海家布甘维尔（Bougainville）来到法国，结果却备受思乡之情的煎熬。他还说，丹麦格陵兰岛人的遭遇也如出一辙。岛屿与大陆隔海相对，个人面对的是一个庞大有力的集体，这就是拿破仑对于我们"在世存有"（being-in-the-world）的根本看法（les terres se distinguent principalement en continents et île〔土地主要划分成岛屿和陆地〕，见地理学笔记第十一册）。马森注意到拿破仑谈及科西嘉岛时使用的是阳性定冠词"le"，而不是阴性定冠词"la"，也就是说，这是他对自己、对科西嘉岛的身份认同。他生于岛屿，后又流放南大西洋中的一个岛屿，死于岛屿。岛屿是拿破仑的原型，是他存在的模式。在他看来，地球不过是漂浮在空间中的一座岛屿；整个宇宙也是一座岛屿，四面都是虚空。

在奥克松前哨基地，拿破仑以极具象征意味的方式描述了自己的出生，将自己与岛屿难分难解地联系在了一起。在下面这段记述中，出生时的创伤与外在的军事进攻互为镜照——孩子与岛屿都浸于血的海洋，勉力挣扎求生：

> 当我出生时，国家正面临灭亡。三万法国人涌入我们的海岸，自由之冠淹没在狂暴的腥风血浪之中。我刚一睁开双眼，看到的就是这样的可憎景象：从我出生的那一刻起，摇篮左右俱是垂死之人的哭泣、被欺侮者的呻吟、绝望的泪水。

像往常一样，拿破仑总是自己文字的最佳解人。在早期作品中，只要言及自己，他总是被所处环境包围，或是被抛弃，二者是一回事。就他看待事物的心理—地理视角而言，所有生理的、心理的、政治的因素，全都 38 集中在岛屿受到外部攻击这一支配性的比喻中。科西嘉

53

岛就是一个大摇篮。而且，拿破仑仿佛不是由人类母亲而生，而是由科西嘉岛本身而生，经受了水和血的洗礼。反过来，科西嘉岛的历史又是按照拿破仑的个人经历来建构的。人、岛合而为一。

一个人梦见自己站在陆地上，但转瞬之间大海冲破堤坝，陆地被淹没。那个原本以为自己安全无虞的人突然发现自己置身小岛，四面环水，水下还有未知的怪兽潜行觅食。这个梦，荣格视为"原型梦"（archetypal dreams）之一，认为是潜意识压制意识的一个典型形象。根据这一解释，陆地代表意识，它是雄性的、确定性的；无法控制、令人生畏的海洋则代表潜意识的黑暗，它是集体性的、阴性的，是不确定性的本源和载体。

二十世纪几乎所有对于拿破仑的阐释，其实都是这个梦的反面版本：拿破仑从那个风雨飘摇的岛屿来到雄伟壮阔的坚实陆地，然后走向一个反讽的尾声。但是，拿破仑这个人，却一直将他自己的个人岛屿随身揣在兜里。他志在将各个岛屿连为一体，就像将珍珠串成项链一样。而且，不管站在多么广阔、坚实的土地上，他总能唤来洪水汤汤。他就像是一位冲浪者，腋下夹着冲浪板，睁大眼睛留意天边即将汹涌而至的浪潮。他在莫测深渊上不停地起舞周旋，在梦境、象征和神话中破浪前行，安心顺从于倾覆浪底这一至高法则。诺伍德·

扬是少数几个严肃对待拿破仑岛屿史的历史学家："一种奇特的超然态度贯穿（其事业和生活）始终；这个年轻的科西嘉人自外观察世界，因为岛民与这个世界若即若离……这是他对人类的态度。这也是一个以自我为中心的、具有岛民心态的自大者的态度。"

《论幸福》认为，人心中情感或想象的洪流，须由逻辑和理性的堤坝加以拦截。拿破仑的早期故事，往往<sup>39</sup>以抑制浪潮，或者抑制与浪潮同义的那些入侵部族（迦太基人、罗马人、腓尼基人、特洛伊人、野蛮人等）为中心。大海本身并不可怕，它只是数不清的其它形式的威胁的传送带而已。稍有常识的人都知道，大山、高地和难以接近的森林是避难藏身之所，而大事件全都发生在海岸滩涂，这里是陆地和海洋的交汇地带，冲突双方在此一决雌雄。

在拿破仑的早期小说中（如《新科西嘉》〔*Nouvelle Corse*〕），我即是岛，岛即是我："我的第一口呼吸是在科西嘉岛上，我还对我不幸的家园及其独立自强怀着强烈的情感。"这座岛屿是躲避洪水侵袭的诺亚方舟，但它又十分脆弱，随时可能会倾覆沉没于湍流之中（热那亚人、德国人、法国人就是那呼啸而来淹没陆地的洪水海浪，把科西嘉人溺死在他们自己的血泊中）。这座岛屿就像是天堂一样，所以《新科西嘉》中的英国人憧憬道："我发现自己身处一方小天地，这里让我得以继续存在，远离世间的各种诱惑，远离那些权力游戏和转瞬即逝的激情。看不出有任何理由不在这里生活，就算活得不够幸福，至少也活得心安理得。"但与此同时，这又是地狱的预演。

多萝西·卡琳顿（Dorothy Carrington）认为，科西嘉岛代表了钉死在十字架上的基督形象。虽然拿破仑后来偶尔也会拿自己和耶稣基督作比较，但他早期的文学模式更偏向于《旧约》而不是《新约》。科西嘉岛是堕落了的伊甸园（每个诗人都在寻找失乐园是十九世纪的陈词滥调，这一观念或许便是源自拿破仑），也是维吉尔笔下的特洛伊城（虽然上学时拿破仑的拉丁语成绩总是一塌糊涂），被希腊人侵占后，难民们不得不在别处重建新城。最后，这里还有丹尼尔·笛福的身影："我把自己看成是鲁滨逊，像他一样，我是一岛之王。"终其一生，拿破仑都饱受鲁滨逊情结之苦：他发现自己总是困处荒岛，孤立无援，麻烦不断。

40　　拿破仑的《新科西嘉》，讲述的是一个船只失事、困处荒岛的故事。此书写作时间约略与《论幸福》同时，也有可能是在稍后回科西嘉岛休假期间创作而成的。下面，小说开篇部分的这段话，可视为贝多芬《田园交响曲》紧凑的文字版，返乡的喜悦心情直接转入了风暴场景："几乎没有哪个地方的风景可与这个岛屿相媲美，它切断了与所有陆地的联系，徜徉在无垠碧波的臂弯中，四面崖石壁立，抵挡着狂暴海浪的冲刷。"而接下来，狂暴的法国人就像海浪一样涌上了海滩。

我们总以为拿破仑始终都将炮火对准英国人，但现在看来，说他爱英国人可能更准确些，只不过英国人屡屡让他失望，一次又一次地背叛他。实际上，他内心深处最憎恨的还是法国人。"法国人！"他在《论自杀》中写道，"你们夺走了我们所珍惜的一切还不满足，还想腐蚀我们的道德根基。"埃塞克斯伯爵（Earl of Essex），是他早期历史小说中的悲剧性主体之一。在《新科西嘉》中，第一人称叙事者也是一个英国人（"是善良正直的英国人之一，愿意保护我们的难民"），他来到戈尔戈纳（Gorgona，距离科西嘉岛几英里远的一个小岛），加入科西嘉游击队，发现自己与当地人有很多共同点，因为大家都是岛民，岛屿就是彼此之间的纽带。而法国人，则是"自由民的天敌"。在一封写给流亡的科西嘉领袖帕斯卡·帕欧里（Pascal Paoli）将军的信中，拿破仑表达了自己前来英格兰拜访他的愿望。还有传言说拿破仑曾向布里恩（Brienne）的一位同学即后来的文洛克勋爵（Lord Wenlock）出示过一封信，信中他申请加入英国海军，这封信还是用"相当不错的英语"写成的。毫无疑问，拿破仑认同英格兰，他早年希望加入法国海军的抱负不过是一种次优选择。而他与科西嘉人的传统背道而驰（科西嘉人中几乎没有渔民，更别提海员了，除非是被法国人强征入伍）、渴望加入海军一事，也意味深长：为的是直面他最恐惧的东西。是他的哥哥和母亲联合起来，最终说服他加入了炮兵部队。

41　　在《新科西嘉》中，一位年长的科西嘉流亡者向英国人扼要介绍了该岛历史。似乎在拿破仑看来，所有的科西嘉人都是天生的篝火历史学家，是回忆英雄和战役、将领和世系的口述者。这些传说或历史（这两个单词在法语中难以区分开来）代代相传，驱使他们怀着复仇雪恨之心投入战斗。如果可以用一个词来概括整个历史美学、文学动机的话，这个词就是"复仇"。小说中，这位科西嘉人的父亲（他"浑身浸满自己的鲜血"）在临死前留下遗言说："儿啊，为父报仇，天经地义。"儿子接着又历数了全家的悲惨遭遇：母亲被奸杀，妻子和三个兄弟被绞死，自己的七个儿子也被屠杀。尽管他也曾单枪匹马干掉过几十个法国人，但这个故事（还未结束）的含义是明确的：现在他该将接力棒传给女儿（她持枪在手）和那个英国人了，共同的仇恨将会让这两个年轻人浪漫地结合在一起。

此外，还有一部影响较大的文学作品与英格兰（至少与苏格兰）联系在一起。1765 年，二十四岁的詹姆士·包斯威尔（James Boswell）在首次拜访约翰生博士（Dr Johnson，这次会面对包斯威尔来说意义非凡）之后不久游历了科西嘉岛，后来还写成了一本书（初版于 1768 年）。在巴斯蒂亚（Bastia）山区，包斯威尔的行程与拿破仑父亲卡洛（Carlo）的行程有所交叉。当时，包斯威尔刚刚离开科西嘉人的领袖帕欧里，而卡洛则正在四处寻找帕欧里。1783 年 9 月，十四岁的拿破仑正在布里恩求学，他给父亲写信说："恳请您将包斯威尔的《科西嘉史》以及描写此地的所有相关史传著作寄来给我。您不必担心，我会好好爱护这些书籍，等我回家时我也会把它们带回科西嘉，尽管那得等到六年以后了。"拿破仑自外描写生于斯的这个岛屿符合岛民心态。他已经切断了自己的根，注定只能倚重这位苏格兰游客对科西嘉岛的看法，以抚慰他对被自己抛在身后的那个岛屿的绵绵乡愁。

包斯威尔的这部著作，实际上题为《科西嘉岛记：游岛记及帕斯卡·帕欧里传略》（*An Account of Corsica：The Journal of a Tour to that Island；and Memoirs of Pascal Paoli*）。这一冗长的书名与作品两个方面的主要内容相一致：一是科西嘉岛的历史地理，一是帕欧里的生平传 42

59

记。这两个部分不分轩轾，因为帕欧里就是这个岛屿的活化身。从修辞上说，帕欧里是人格化的科西嘉岛，科西嘉岛是拟人化的帕欧里。暴动是科西嘉岛的同义词，帕欧里则是民众争取自由独立的最突出代表。

卢梭，"野蛮哲学家"，是包斯威尔前往科西嘉岛的入口（卢梭为他写了一封介绍信）；包斯威尔的游记背后也可见卢梭的身影。卢梭曾为科西嘉岛起草过一份宪法草案，收录在《社会契约论》中："欧洲却还有一个很可以立法的国家，那就是科西嘉岛。这个勇敢的民族在恢复与保卫他们的自由时所具有的豪迈与坚决，的确是值得有一位智者来教导他们怎样保全自由。我有一种预感，总有一天那个小岛会震惊全欧洲的。"在包斯威尔笔下，科西嘉岛就是那"被时间遗忘的土地"（a Land that Time Forgot)，是卢梭那个失落的完美原始世界的最后庇护所，它受到了来自航程之内每一个腐化堕落社会的攻击。科西嘉人是自然状态的最后样板。他们可能是穷困的，"但我让他们记住，"包斯威尔写道，"他们现在的生活要比精致、腐化的生活幸福得多，所以他们应该谨防骄奢淫逸。"科西嘉岛本已是顽强抵抗外来压迫者的同义词和象征，包斯威尔又进一步将它变成抵御颓废堕落的堡垒。

那些卢梭主义者们直接听命于"将军"帕欧里。帕欧里高大、强壮、阳刚、高贵，法语、意大利语说得一样流利（英语也还过得去）。他精通古典学问并非偶然，因为他就是一个彻头彻尾的古典人物，是荷马史诗般的英雄，还带有那么一点摩西的气质。一句话，他就是一副纯粹、美德、庄重的样子。包斯威尔称他不苟言笑（如果这一点能够给拿破仑留下深刻印象的话，他不可能不加以模仿：就算是流放到圣赫勒拿岛，拿破仑也总是谈笑风生）。帕欧里本人曾拿科西嘉人和犹太人做过类比：他们都是强权的受害者。他还"发现科西嘉人不可能像罗马人那样；那是一个伟大的征服民族，其帝国版图本可以覆盖半个地球。时移世易，还有现代政治体系，都使得这一切成为不可能"。

　　但是，关于帕欧里的记载，只有在两两比较时才能成立：他是浪漫派眼中的古典派，思想家眼中的行动派。包斯威尔崇拜帕欧里，因为从很多方面看自己都是他的反面："由于天性忧郁、汲汲求知，我埋首致力于形上之学和超过我深度的理性，探究那些不为人知的领域。……我对他说，我已经变得几乎毫无行动能力了。"帕欧里的形象也影响了拿破仑：这一活生生的形象总是自我认同于心中目标，但又要把自己从头到脚严严实实地裹在隐喻和寓言里，要凭借卓越的品德而表现得刚毅坚定、高深莫测。拿破仑是未来的帕欧里，但没

43

准儿帕欧里觉得成为包斯威尔会更快活。

1786 年 7 月 29 日，距离上次写信向父亲索要包斯威尔之书一事已经过去两年多了，我们看到十六岁的拿破仑又写了一封信，这次是希望日内瓦某位书商寄给他杰曼神甫（Abbé Germane）所撰的《科西嘉革命史》(L'histoire des révolutions de Corse) 的前两卷，他还附上了一份所有其它"关于科西嘉岛的著作"的完整书目。拿破仑的计划是成为下一个包斯威尔：为科西嘉岛撰写一部历史，这部历史还是对帕欧里的颂赞。但是，拿破仑是严谨的史学家，他觉得必须理清所有相关文献。他希望自己的史书能像帕欧里本人那样是令人信服的、权威的，字字句句都要与帕欧里密切相关。拿破仑早期的大部分作品，都是他始终都未能完成的科西嘉岛写作计划的组成部分。

1789 年 6 月 12 日，当拿破仑致信帕欧里解释自己何以希望为科西嘉岛撰史（"为了将那些欺压我们的人送上公共舆论的法庭……揭穿他们的阴谋诡计"）、同时还希望得到帕欧里的支持（就像当初他求助于雷纳尔一样）时，他含蓄地提到了自己的出身、自己的父母："将军，如果您愿意屈尊支持这部以您为主题的作品，如果您愿意屈尊鼓励这个您亲眼见他呱呱坠地、他的父母总是追随您左右的年轻人的勤奋努力，我敢说结果会非常令人满意。"

就像主动为包斯威尔做媒一样，看起来，帕欧里也
怂恿卡洛·波拿巴——他的随从，临时秘书和保镖——
与拿破仑的母亲莱蒂齐娅（Letizia）组建一个稳定的家
庭。所以，从这个意义上说，就算帕欧里不是拿破仑的
真正父亲，至少也在精神上主导了拿破仑的出生（拿破
仑曾经对古戈尔〔Gourgaud〕将军说，帕欧里如果不是
位高权重的话，很有可能成为自己的亲生父亲）。这显
然与拿破仑对科西嘉岛历史所持的血泪史观相一致。在
他的成长阶段，游击队反抗军（还有被控以反叛罪名的
农民）经常被抓捕，受到公开折磨：他们遭受轮刑，尸
体在十字路口、山间骡道示众，有的被吊在树上，有的
还与拷打处决他们的刑具连在一起。"整个岛屿，"多萝
西·卡琳顿在《拿破仑和他的父母》一书中写道，"这
些备受折磨、已经腐坏的尸体，提醒科西嘉人他们是挨
打之人。"当局对 1774 年大暴动（拿破仑五岁左右）的
镇压是迅速的、残酷的、彻底的。数以百计的起义者
（或潜在的起义者）被捕处决，妇女被强暴，牲畜、农
作物和家园被捣毁。很多人被发配土伦（Toulon）做苦
役，这导致了某种类似于"最终解决计划"的出台：
将科西嘉岛的所有男性驱逐出境，年轻力壮的法国人
被运送至该岛，以补充毁灭殆尽的科西嘉基因库。

怀着被孤立、被压迫的强烈义愤，拿破仑所能做的就是，如果不能拿起武器反抗这看不到尽头的苦难的话，至少也可以拿起手中之笔。存在就是斗争，写作就是反抗：向法国历史的长枪大炮发动游击战争。文字就是行动。这位历史学家不像是学者，更像是复仇者。甚至在身为作家、尤其是在提笔写作时，拿破仑也总是将自己视为行动者。他的第一个任务就是要肃清如潮水般的谎言。那些叛国者歪曲科西嘉岛历史，对帕欧里"造谣中伤"，糊弄了很多轻信的文人："作家们视（宣传）为真理，还传给子孙后代。读到它们时，我情难自禁，我要驱散这些谬论的迷雾，破除孩子式的无知。"这些都是代代相传的谎言。拿破仑声称自己生来就是为了纠正谎言，要让那些背叛科西嘉岛的人"蒙上污名"。

　　帕欧里不仅是英雄，还是拿破仑的行为榜样。拿破仑、帕欧里和科西嘉岛三位一体，坚不可摧。迄今为止，我们所知的拿破仑的最早残稿（写于十六岁时），就是对帕欧里的一首赞歌。帕欧里，原型反抗者，在六十一岁生日这天强烈谴责法国，维护反抗暴政的合法性，他以包斯威尔式的口吻总结说："所以，只要遵循一切正义之法，科西嘉人就能挣脱热那亚人的枷锁，同样也能挣脱法国人的枷锁。"根据 1768 年 5 月 15 日签署的《凡尔赛条约》，热那亚将科西嘉岛的治权让渡给

45

法国。帕欧里拒绝接受该条约，这传达出一个简单、有力的信息：法国和热那亚都没有权力处置科西嘉岛，只有科西嘉人才是科西嘉岛的主人。所以，可以想见的是，拿破仑早年最重要的计划便是撰写一部权威可信的科西嘉岛历史。这座岛屿是一个固恋，也是一个主题。帕欧里不仅是这一历史的关键，还将是这部著作的父亲。帕欧里是恩主，是缪斯。没有帕欧里，也就没有历史学家拿破仑。

帕欧里在拿破仑的早期作品中随处可见，甚至还设法在《论幸福》中露了一面：

> 帕欧里先生，其特出之处在于他心怀天下、民胞物与。他让地中海短暂重现了斯巴达、雅典的黄金时代。他天赋异禀，为全人类谋福祉。帕欧里先生的出现，使得全欧洲的关注焦点都集中在了科西嘉岛上。

这番话颇有包斯威尔之风，最后一句话还有可能暗指包斯威尔的作品。帕欧里是革命的化身，但他也是终结革命的铁腕人物："在这样的一个乱世中，只有某位德高望重、英才卓越的立法者才能解救这个国家。"

不过，如果帕欧里是拿破仑理想化的父亲、立法

46

65

者、le père sublime（杰出的父亲）的话，他的亲生父亲卡洛，这个本可以成为包斯威尔的人，就将"蒙上污名"，被视为民族罪人而遭到唾弃。我们还记得，卡洛曾是帕欧里的心腹膀臂。但在法军入侵科西嘉岛、即将大获全胜时，精明的卡洛也就摇身变成了夏尔（Charles）。山中的游击队浴血奋战，拒不缴械投降，卡洛却向路易十五输忠投诚，成为法军统帅马尔伯夫伯爵（Comte de Marbeuf）的门徒。这是人们首次以法语 Bonaparte、而不是意大利语 Buonaparte 来称其姓氏。拿破仑童年时期相当个人化的戏剧性一幕出现了：英雄帕欧里，始终都是帕欧里，坚定不移、一成不变、固若磐石；卡洛（在1769 年帕欧里流亡英格兰寻求庇护时，卡洛肯定有充分理由带着一大家子离开科西嘉岛）则显得摇摆善变、投机取巧、两面三刀。在年轻的拿破仑看来，要么是抵抗到底的英雄，要么就是通敌者，非此即彼。在卡洛犹疑暧昧之际，帕欧里却立场鲜明、信念坚定，誓死反抗法国人。帕欧里将真理等同于数学般的严谨，自己的父亲却是非不明。

与法国的联系，既是语言的，也是政治的、不道德的。1778 年，路易十六宫廷任命卡洛督理科西嘉岛，他带着时年九岁、尚未进入寄宿学校的拿破仑入凡尔赛宫觐见国王。卡洛决定儿子应该学习法语。法语是权力的语言，是通往 ancien régime（旧制度）核心这一辉煌前程的通行证。卡洛／夏尔要把法国性植入拿破仑心中。在卡洛看来，法语不过是对现实政治的小小妥协，有必要学习这门具有支配地位的语言。但是，他将法语强加于尚未成年的拿破仑，无异于从语言学上虐待儿童，就像强迫左撇子用右手写字一样。冲突在所难免。从一开始，拿破仑的岛屿就不受他控制地遭受外来攻击。他那背信弃义的父亲不能与法国切割开来。严格说来，波拿巴家族是托斯卡纳人（Tuscan），曾是古阿雅克肖议会中的一员（实乃科西嘉贵族），如今却变成了法国当权派中的一员。有可靠证据表明，卡洛一直都是脚踏两只船，他当时并没有死心塌地地追随法国人，只是竖起了一面权宜方便之旗罢了。但是，不管卡洛的转变是对是错，拿破仑都认为他是一个转投外来者的变节者，而自己则像帕欧里一样对科西嘉岛忠贞不贰。

在布里恩的学校中，拿破仑甚至可能曾经在晚餐的修士们面前公开谴责父亲背叛帕欧里、投靠法国。可以想见的是，面对同学的欺凌，他不会躲在图书馆里，而是会挑衅地勇敢炫耀自己的科西嘉身份，期待加入帕欧里的队伍，或许还梦想有一天在战斗中取代帕欧里的地位。布里恩的同学曾为他画了一幅讽刺漫画（可能是关于拿破仑的首幅漫画），画中，十五岁的拿破仑就像是一个巨人，时刻准备为帕欧里而战，看起来异常坚定，旁边一位身材矮小、长着鹰钩鼻的老师拽着他的头发徒劳地想阻止他。此画还配有说明文字："波拿巴飞奔向帕欧里伸出援手，想要把他从敌人手中解救出来。"从口头上看，从某种程度的行动上看，拿破仑（他把自己的名字读作 Napollione，所以才有了绰号 la paille au nez〔鼻子上的稻草〕）这边的战斗已经打响了。

这一青年时期的偏见，可能还是第一执政拿破仑拒绝蒙彼利埃市（Montpellier，卡洛葬于此地）提议为其父建造纪念碑的原因所在。"我们就不要打扰死者安息了，"他回复说，"我也失去了我的祖父、曾祖父，为什么不也为他们做点什么呢？如果昨日丧父，我自然会深怀敬意哀悼他。但那是二十年前的事了，离公众太遥远了。往事不必再提。"这里，拿破仑的拒绝不仅仅是一种谦虚，他也不是不假思索地反对树碑立传。他把对父亲的记忆化为对法国入侵前的祖先们的记忆，还表达出一种强烈的感觉，即无论是对于拿破仑还是对于公众来说，父亲之死都已是很久很久以前的事了，两个未完成虚拟句式将这种冷漠之情表露无遗。而且，在圣赫勒拿岛的最后时日中，拿破仑追忆往事时似乎也从未改变过自己的态度。最后，还是拿破仑的弟弟路易士将父亲遗骸迁葬科西嘉岛的圣勒(Saint-Leu)公园，并立碑以志。路易士秘密做成此事后才将这一既成事实（fait accompli）知会拿破仑，怕的也是再次遭到拿破仑的否决。1785 年，时年十五岁的拿破仑在巴黎以近乎冷漠的斯多葛派态度接受卡洛的死讯（如卡琳顿所说，在他看来这是一种"解脱"），后来甚至还以自由、好运等字眼来形容此事。

青年拿破仑反对保王党的言论，不仅针对的是国内那些拥护王权者，还针对的是自己的父亲。1788 年，身在奥克松的拿破仑在短文《论王权》中言简意赅地说道："不该被废黜的国王寥寥无几。"拿破仑所梦想的国内革命，就是罢黜自己的父亲，由帕欧里取而代之。在拿破仑看来，妥协者、算计者、通敌者、死灰复燃的君主主义者卡洛之死，预示了旧制度（ancien régime）的消亡。就像存在主义者让·保罗·萨特一样，父亲的缺席造就了他，这是 la chance de ma vie（我生命中的机会），成长中的男孩得以肩负起自由和责任，有可能全身心地将自己奉献给帕欧里、奉献给自己的根。

在今天的读者看来，拿破仑的历史著作与虚构小说难以截然区分开来。两者都是未完稿。寡不敌众、力量悬殊的孤岛和个体，是残稿中反复出现的主要叙事。初出茅庐的历史学家没有征引任何文献，而是大段大段地

分析人物心理。叙事被省略号和过分热泪盈眶的抒情性
所打断。拿破仑是科西嘉岛历史的诗人（他的确写过一
首具有史诗风格的诗歌，以某位科西嘉英雄为主题，此
诗备受当时爱国人士的推崇）。但是，大概自己也意识
到历史有可能沦为神话，所以年轻的拿破仑竭尽全力想
使自己的作品固着在真实可信的史料上。对档案资料的
渴望，促使他重返科西嘉岛。约瑟夫在其回忆录中追忆
说，1786 年他这位勤奋好学的弟弟回到科西嘉岛时行囊
中满是书籍。兄弟二人曾就各自的阅读、写作情况一较
高下，后来拿破仑还前往北部的巴斯蒂亚，为撰写历史
搜集相关资料。

　　不过，这一阶段的拿破仑面临着一个重要问题（重
中之重）：他已经忘记意大利语了。"当我回到祖国家乡
时，"他在《论自杀》中焦急地写道，"我该以何种面目
示人？我该使用哪种语言？"父亲让他学习法语的计划
是如此奏效，结果新语言彻底抹掉了旧语言。当然，他
也可能会说一些意大利语（不管有多生疏），但却不太
可能提笔写作或流利阅读。不会意大利语，又如何能读
懂那些档案资料呢？我们知道，他又使出浑身解数开始
重头学起(总的说来不太成功)。哥哥约瑟夫回忆说，回
到科西嘉岛后，拿破仑努力提高他的意大利语水平：
"我也一样，我们都不能容忍自己不会讲这个国家的语

言了。他开始埋头苦学，但第一年进步有限；到了第二次休假期间，他决心撰写一篇关于科西嘉岛革命的文章，才又加倍学习，以便能够阅读意大利原始文献。"1789年3月28日，身在奥克松的拿破仑用法语给他的叔叔吕西安（时任阿雅克肖副主教）写了一封信，信中非常哀怨地说道："为什么您不用意大利语给我写信呢？我读得懂、认得清您的文字呀。"显然，吕西安叔叔可不是这么想的。而此信末尾，拿破仑又再次强调说："请用意大利语告知我您的近况，因为我读得懂。"这也不是自信的表现。与此同时，他还声称要用意大利语给母亲写信。在区区一封信中，拿破仑竟然着了魔似的表了三次态。但全都是说大话。他承认"我正在开始学习（意大利语）"，但也只是一个开始而已。意大利语被明确视为母语，却吊诡地也是一种需要学习的语言；法语则完全是"父语"，而且从某种意义上说无法逃避。如果翻译成语言学术语，对于拿破仑来说，这就是经典的俄狄浦斯式的反抗父亲、崇拜母亲（"我现在是怎样的人，我曾经是怎样的人，都应归功于我童年时代学到的工作习惯，归功于我那伟大的母亲教给我的良好原则"）的根源所在。这也有助于我们理解下面这句让人费解的话："我没办法给妈妈写信，这将是头一回。我会用意大利语写信给她。"拿破仑不能用法语给她写信；

50

71

当他终于用意大利语给她写信时，也就成了"头一回"。所以，拿破仑以为，在他快满二十岁的时候，意大利语终于使他能够与母亲沟通交流、加深情感了。不用说，为时已晚。语言本可成为桥梁，但是桥塌了。

1789 年 4 月 15 日，拿破仑自瑟尔省（Seurre）给母亲写了一封信，当时他和一支百人小分队受命前往该地镇压一小股地方叛军（实际上他在那里无所事事，除了写作）。这封信充分表达了拿破仑对所失去的一切的乡愁。当然，这封信也是用法语写成的。拿破仑应邀去当地的大富人家过复活节，但他不抱任何期望，还显得有些抗拒："我更想吃阿雅克肖的意大利饺和烤宽面条。"拿破仑回到意大利菜的方式和他回到意大利语的方式一模一样。其嘴其舌，都遭受了双重剥夺：他抱怨说，就像过度摄入丰富的法国菜一样，他别无选择，只能说过分繁复雕琢、难以消化理解的法语。在拿破仑看来，意大利语代表原始和自然，法语则是烹饪式的，在"烹饪的三角结构"（culinary triangle）中处于高度发达的文化的终端。

克劳德·列维-斯特劳斯的这一说法（源于罗曼·雅各布森）非常贴切，因为拿破仑预示了列维-斯特劳斯另一部著作即《忧郁的热带》的主题。在《忧郁的热带》中，列维-斯特劳斯伤悼亚马逊丛林口头文化的消逝。有读写能力的南比克瓦拉（Nambikwara）部落，似乎也陷入了社会的所有邪恶之中，被卷入权力游戏、等级制度和寡头政治。那些掌握了文本的人，也凌驾于整个部落之上。所以，文字出现在雨林，相当于重现了人类堕落的那一幕。进一步从政治上看，书写促进了帝国的兴起。与其说文本是文明的基石，还不如说是剥削和压迫的基石。而书面语言，正是那迎头一击的钝器。

所以，拿破仑的这封信也包含了对原汁原味的意大利饺的哀歌。意大利语——至少科西嘉方言——是最初的口头语言，是母语。而法语，首先是一种文学，是派生的语言。法语不是自然的、而是建构的语言，是卢梭的艺术和科学的缩影，在丰富文化的同时也削弱了社会的道德价值。所以，在拿破仑身上，可以看到两种相互冲突的语言观：一方面，理想化的意大利语是优先选择，这与列维-斯特劳斯《忧郁的热带》十分吻合，哀悼直抒胸臆、实话实说的黄金时代的消逝；另一方面，说法语的拿破仑，又嘲弄漠视真实。在书写的时代，现实已经丧失，现实被置换、被消解。或许，首先就无所谓什么原始真实可以失去，初民的文饰从一开始就弥漫天地、不可阻挡。在联结科西嘉人的意大利语和法语的这座桥上，桥的这一端可以发现真实、记录真实；而在桥的那一端，真实是人为构建的，是一个我们已经忘记其为幻觉的幻觉。一旦跨过这座桥梁就无路可退。《论幸福》将历史视为"真理熊熊燃烧的火炬"，它是道德科学的基础，是通往善政不可或缺的指南。但是，正如诺伍德·扬所言："就拿破仑所表现出的所有准确性而言，看似不可思议的是，他对事实漠不关心，对真理嗤之以鼻……他的历史札记因偏见而扭曲，不能视为诚实求真者的作品。"拿破仑虽有难以遏止的创造力，却始终都不是一个好学者。

52　　"拿破仑从不写作，他只是口述"，罗德雷这样说道，他在一首颂诗中称赞口语体能够"消除书面语的歧义"。但是，无论是言语还是文本，拿破仑使用法语时都难免有些矫揉造作，总是显得古怪别扭。圣伯夫对拿破仑的"军事辩才"评价甚高。但是，还是夏多布里昂说得对，人们可从未将拿破仑误认为土生土长的法国人（或生活在大都市里的法国人）。他的科西嘉－意大利口音虽然不那么明显，却也从未彻底消失。阿尔诺回忆说，直到很晚，拿破仑仍然读不准 Ossian（拿破仑可能会拼读成 Ocean）："他的舌头往往夹缠不清。有时候把 T 读为 S，有时候又把 S 读为 T。他常常……谋杀他所读的文字。"这样的效果，可不是"史诗般的"，而是"滑稽可笑的"。

拿破仑在法国大陆的第一位正式法语老师曾经为他写了一份光鲜的报告，但那也只是事后之言。1779 年，卡洛携九岁的儿子进宫觐见国王后，就把他送往位于欧坦(Autun) 的学校，置于沙登神甫 (Abbé Chardon) 的庇护下，主要是为了提高他对语言的掌握能力。这是一段潜心沉浸的经历，切断了拿破仑与所有说意大利语的人的联系。人人都说他是一个有天赋的学生。"我只带了他三个月，"沙登神甫说，"这期间，他已能用法语熟练交流，还能用法语写作和翻译。快满三个月时，我把他和尚波先生(M. de Champeaux) 送到了布里恩的军校。"当然，这份乐观的报告完全是事后评判。就算我们相信沙登所言，事情也告一段落了。对于拿破仑而言，在布里恩以及后来的日子里，法语充其量不过是他为了达到特定目的而较为成功地操纵的一个工具、一种武器而已。

拿破仑从未真正置身法语之内，他从未完全掌握这门语言，也没有将之视为自己的语言。法语既是、又不是他的语言。他像外国人一样，总是自外接近语言和文学。可以说，拿破仑对这门语言所做的是殖民、兼并，他不是轻松地吸收它，而是积极主动地、甚至富有攻击性地把它据为己有，还粗暴地输入意大利精神 (fraterni-cide 〔骨肉相残者〕, victimer 〔受害者〕, ultimer 〔终结者〕, immétriguer〔弄权使诈〕, malcontentement〔不满足〕, insatisfaction〔不满意〕）。这或许可以很好解释他的准阅读障碍问题。当他根据各种不同文献写下狂热的读书笔记时，他总是常常弄错基本事实。如他对考克斯《瑞士游记》一书所作的读书笔记：

| 考克斯 | 拿破仑 |
| --- | --- |
| 5 名候选人 | 8 名 |
| 1531 年 | 1555 年 |
| 1273 年 | 1270 年 |
| 50 人 | 60 人 |
| 3 个部门 | 6 个 |
| 3 座大山 | 2 座 |
| 16 世纪 | 10 世纪 |
| 4 名市政官 | 1 名 |
| 102 人 | 120 人 |

这个一览表所存在的问题，用所谓转写"错误"、不准确（如诺伍德·扬所言）来形容已远远不够，甚至也无关乎读写障碍（"他是那些不能正常拼写的人中的一员，"诺伍德·扬说，"在我们这个时代，这会致命地失去成为官员和绅士的资格。"）；这更像是拿破仑在反抗

他所使用的媒介。他不得不窜改一切，不考虑真值问题。他的字迹也是出了名的潦草混乱，"全都是些支离破碎、难以辨认的字符，"他的亲信梅纳维尔（Méneval）说，"他写的单词常常漏掉一半字母。"拿破仑自己也承认这一点，但他另有说辞："我的血脉中流淌着像罗讷河（Rhône）一样湍急的南方人的鲜血。如果您难以辨认我的潦草字迹，请见谅。"他的书写，是斗争的产物，反映了他那根植于地方性的血脉贲张的个性，对抗的是沉着稳健的阿波罗式的法国集体意识。如诺伍德·扬所言，"他早年面对法语的各种困难，深刻影响了他对整个语言、文学的态度"，甚至还影响了他对整个世界的看法。

拿破仑对法语施展了可怕的暴力。这是拿破仑在布里恩时的法语老师迪皮伊神父（Father Dupuy）的看法，拿破仑离校不久后他也就退休了。此后很长一段时间，拿破仑对迪皮伊的建议都又爱又恨。他非常在意自己的缺点不足，迪皮伊关于风格、语法、拼写的见解让他心悦诚服，他甚至还向迪皮伊索要他的某篇文章的定 54
稿本。

迪皮伊对语言的感受十分细腻，他既是唯美主义者也是完美主义者，但首先是中庸温和的文体学家，厌憎极端主义。看似匪夷所思的是，1789 年 7 月 15 日，攻陷巴士底狱的第二天，正在距巴黎东北约一百公里的小镇拉昂(Laon)上安享退休生活的迪皮伊，却开始埋头修改起拿破仑的文风来。毫无疑问，迪皮伊认为自己的写作在某些方面代表了旧制度（ancien régime）的根源，再不济也能润色新社会（nouveau）的文学风格。他可能觉得拿破仑是作家中的无套裤汉（sans-culotte），正对法语文体这一要塞发起攻击。迪皮伊给了拿破仑几句正面的鼓励之词（"我认为主旨非常棒"），但此信内容却以严厉批评为主，让人联想到那些里昂考官。"好几处地方用词不当、结构混乱，有啰嗦重复、自相矛盾之嫌，至于思想内容，在我看来不是近乎累赘，就是过于直白，容易打断叙事，有几处地方还需进一步增删修订。"

拿破仑呈请迪皮伊过目的原稿已佚，但从他这位老师的评语中可以大致重建出来。如关于坚定追求幸福："从今以后，科西嘉人啊，谁能挡住你们的幸福？"还有手稿《新科西嘉》中的内容：一位老人临终前详详细细地讲述了他的科西嘉岛史。不过，老人的遗言在这里被改头换面，变成了向内克尔（Necker）——斯达尔夫人（Madame de Staël）之父，路易十六时期的财政大臣，7月12日后解职——直接致辞，向他寻求同情和支持。在迪皮伊看来，这篇文章过分滥情，过分雕琢。拿破仑堆砌感叹句、形容词、比喻，情感浮夸，头脑发热，滥用对比手法，刀剑与眼泪齐飞，而且过于血腥，所有这一切都"冗长累赘、夸夸其谈"。（另一位老师路易士·多迈隆〔Louis Domairon〕，《文学原理》的作者，则形容他的文风是"火山中高温淬炼的花岗岩"。）

但是，就算拿破仑对自己的判断没有多少信心，他 55 也很少赞同别人的判断。他反对迪皮伊提出的诸多修改意见。他抱怨说，迪皮伊"删掉了所有的形而上学"，削弱了修辞效果。迪皮伊回应说，鉴于拿破仑文中的主人公是在向内克尔先生（国王的大臣！）致辞，他就应有所克制，言辞不能过于激烈，那些与压迫、暴政、科西嘉人的自由被剥夺有关的年轻气盛之词都宜有所收敛。老年人怎么可能这么说话呢？迪皮伊年事已高，他知道老年人如何说话。这不符合人物口吻，显然是年轻人在假装老年人说话。必须听起来更老成些，应该更审慎、更沉着。迪皮伊合情合理地建议说，"为慎重起见"，应删除"君主们获得权力，用它实施专制统治"一句。同样，首句"傲慢的暴君们……！"中的省略号也应删除，因为这容易让人误解。但是，在法国已经待了十年的拿破仑，不愿意缴械投降，他拒绝接受迪皮伊提出的大部分修改意见："这类说法，今天就算是在妇人们中也再平常不过了。"中庸不是他的风格。对于自己所请教的中庸大师，他回敬以更大的极端主义。1789

79

年 9 月至 11 月期间写给雷纳尔的《科西嘉书信集》，依然是顽固不化的拿破仑式的，看不到迪皮伊主义的丝毫影响。国王们依然大权在握，"用它实施专制统治"。

拿破仑模仿迪皮伊，开始向自己的兄长提出文风上的建议，表达了一种元海明威式的阳刚、经济的美学观："我读过你的文章了……有些地方还不错，但总的说来它淹没在啰嗦冗长、华而不实的海洋中。"流畅代表危险，像陆上风光一样，甚至文体上也需要一种坚硬、粗粝、健壮的语言。必须捍卫岛屿的风格。"我的朋友，你还有很多工作要做。你的风格太过散漫，软弱无力。它缺乏能量和活力。……另一个错误，就是不管有用无用，你轻易就放纵自己的趣味，沉迷于那些外来词。如果不是用四页纸而是压缩一半的话，你的这篇演说辞（在阿雅克肖爱国俱乐部中的演讲）会精彩得多。"有可能，约瑟夫会觉得这不过是典型的锅嫌壶黑，五十步笑百步。但是，有迹象表明，1791 年的拿破仑正在探索一种极简主义的文风，试图摆脱藻饰雕琢。（在写给约瑟夫的另一封信中，他公允地承认："你的演讲稿……比我想象的要好得多。给人留下了好印象。"）

拿破仑最根本的语言悲剧在于，他丢了他的意大利语，却又从未正确掌握法语（迪皮伊直言不讳："Opprimés à la merci……不是法语。"）。他飘泊无根，永远漂浮在那些真实性与可靠性的幸福海岛之间。若与帕欧里做一比较，就更能看出这一点来。据包斯威尔说，帕欧里不仅精通意大利语和法语，还能和动物对话，学习它们的语言。帕欧里是全能的语言学家，拿破仑却连一门语言也不能掌握。

尽管如此，在《论幸福》遭拒之后，我们必须提及这位年轻作家早期的一次成功之举，从某种意义上说，这可能是他文学生涯的高峰。他的《致马提奥·布塔福科的一封信》（1791 年）篇幅虽短，无疑却是公认的成功之作。布塔福科（Matteo Buttafuoco，一作 Buttafoco）是帕欧里的敌人，巴黎议会中的科西嘉议员，公开的亲法派。他曾经发表过一份宣言，称帕欧里为"政治骗子"，这份宣言在整个科西嘉岛四处散发。拿破仑以古典讽刺文体对他作了明褒暗贬。拿破仑冷嘲热讽的这个布塔福科，政治上直接继承的是其父卡洛（投降法国，不能代表科西嘉人民）的衣钵，所以此信还可读为对卡洛的旁敲侧击。这封信受到激进的"阿雅克肖爱国俱乐部"的热烈追捧。俱乐部主席马塞拉（Massera）写信给这位有抱负的作家说："熟读此信后就会发现，您以高超的技巧展现出力量和价值，揭露了臭名昭著的布塔福科的秘密阴谋。爱国俱乐部投票决定将您的作品公开出版。"对于拿破仑而言，这一定就像是一次突破。首次刊印的作品，就获得了"有益于公共福祉"的正式评价。几天后，他乘船回到法国，还徜徉在如潮水般的赞美声中。

57　　拿破仑必定是怀着这种心情将作品寄给了帕欧里，充满了年轻人的自信和骄傲。但这是跌倒前的傲慢自大。这封信支持帕欧里的立场，帕欧里却不领情，公开表示不喜欢，虽然全都是对他的赞美之词。"我收到令弟寄来的小册子了，"帕欧里写信给约瑟夫说，"如果少说几句、少点偏袒，可能还会给我留下更好印象。"帕欧里对拿破仑的支持并不买账。实际上，他的口气听起来更像是老神父迪皮伊。再慎重一些，再中立一些。激情似火的拿破仑式文风，对帕欧里而言太过头了。

　　不过，拿破仑还不知道帕欧里的负面回应。他继续将自己的史著初稿寄给帕欧里，但同时声称以后其实再也没有什么理由继续写作了，因为大革命已经解救了科西嘉岛，已经将法国变成了自由的堡垒。他以自己的一贯风格这样说道："我们之间再也没有海洋了。"意思是不会再有任何风暴冲突了，科西嘉岛与法国终于合而为一。"有危险的时候，所需的只是勇气。如果我的作品有时效性，我就会相信我能力十足。但现在，我要将书写我们历史的使命转交给其他人了，就算他们没有我这样的献身精神，无疑也会有极高的天分。"纳迪亚·托米奇（Nadia Tomiche）在其《作家拿破仑》（*Napoléon écrivain*）一书中可能说得没错，这是一种典型的修辞策略，是假谦虚。我们在《论幸福》中也可见这一技巧，他在文章末尾也对那些技胜一筹的作者表示了尊敬。

虽然的确对自己的天分心存疑虑，拿破仑还是渴望继续这一计划。回到法国后，他于 1791 年 3 月再次致信帕欧里，希望获得更多的实际支持（与当代时事有关的原始档案、信件）以完成自己的科西嘉史。所以，下一个月收到的帕欧里的回信，必定是像插在他勃勃雄心上的一把匕首。

在回信中，帕欧里首先否定了那篇关于布塔福科的文章（"用不着驳斥布塔福科的谎言；他那种人，不配受到珍惜名誉、如今已重获自由的人们的信任。提到他的名字，都会让他觉得高兴……他自己的家人都以他为耻"）。此外，他还拒绝伸出援手（"现在我还不能公开档案、找出我的文章"）。但是，这封拒绝信，远不止是冷漠地拒绝帮助拿破仑那么简单。它还向历史学家拿破仑劈头浇了一盆冷水。甚至没有祝愿拿破仑找到下一个出版商的任何意思。拿破仑心中的这位象征之父，正试图使其扬帆起航的事业胎死腹中。帕欧里断言说："历史不是年轻人说写就能写的。"需要成熟、

58

平衡，迪皮伊式的冷却热火。帕欧里建议说，或可从搜集趣闻轶事开始做起。如果说雷纳尔为他打开了香槟酒瓶，帕欧里——拿破仑心中的英雄、行为榜样和父亲的替身——则击沉了他，或曰试图击沉他。这也是一种背叛。

帕欧里的回信是用意大利语写的。至少，拿破仑得偿所愿，终于有人用意大利语给他写信了。拿破仑好不容易才读懂的这封信（他写给帕欧里的信当然是用法语写的），在在都提醒他，从语言上看，他根本无力完成科西嘉史的撰写工作，恐怕任何历史他都写不了。法语，是文学的语言，而不是历史的语言。怎么可以一边对法国嗤之以鼻、一边又口操法语呢？"再也没有海洋了"，这些似是而非的废话又从何说起？拿破仑变成亲法派了吗？岛屿心态出了什么事？不管有意无意，帕欧里提及那个"他自己的家人都以他为耻"的人，也颇似拿破仑："他只是靠说靠写，才让人相信他是一个重要人物。"

这里，萨特笔下的诗人、同性恋者、小偷让·热内（Jean Genet）的生平也与此相似。十岁时，并未行差踏错的孤儿热内被控为贼。被剥夺了身份的热内，选择接受人们贴在他脸上的标签，接受了指控。拿破仑也是如此，就像热内一样，他被自己的同胞控以具有法国倾向，甚至在还没成为法国人时就接受了法国性（就像在法求学期间法国人鄙视他的科西嘉身份时他曾坚决维护自己的非法国性一样）。拿破仑生来不是法国人，而是变成了法国人。可以说，他选择了法国性，但说得更准59确些，他是被迫成为法国人的。就算他是法国人，按照存在主义者的说法，也是一种"非存在"（not-being）的模式。反讽的是，他走上了自己所唾弃的父亲的老路。拿破仑在写于 1793 年的《致阿雅克肖市政当局的一封信》中，呼吁全体市民向法兰西共和国宣誓效忠。在法国和科西嘉岛之间，再也没有海洋了。

换句话说，拿破仑变成了科西嘉岛独立事业的叛徒。他很快就发现自己有被捕之虞，不得不东躲西藏，避开岛上以波佐·迪博戈（Pozzo di Borgo）为首的反法派的追捕。拿破仑销声匿迹，在同情他的牧民们的掩护下，乘船仓促逃离。他的母亲和弟弟妹妹们，同样也成为反波拿巴者的仇恨目标，被迫于 1793 年 5 月 23 日逃离。他们在阿雅克肖的家园被劫掠一空，如果不是因为邻近帕欧里斯塔住宅区的话，还很有可能被付之一炬。1793 年 6 月 1 日，滞留巴斯蒂亚的拿破仑写下了《科西嘉省的政治军事立场》（*Position politique et militaire de département de Corse*）一文，重新将帕欧里塑造成一个恶棍，而不是英雄（同样，他的《博尔盖的晚餐》〔*Le Sou-*

per de Beaucaire〕一文也抨击帕欧里背叛大革命、压制热爱自由的人们）。帕欧里投靠英国，英格兰成为了科西嘉岛的主要威胁。无论从其外部影响还是内部结构上看，只有法国，科西嘉岛的天然盟友，才能解救科西嘉岛。想要成为未来的典范，科西嘉岛首先需要自我解放。6 月 11 日，拿破仑及其家人乘船前往土伦和法国。

在意大利语中飘泊无依，不能停靠在法语的安全港，无论如何，如今的拿破仑都是一个没有语言的作家了。尽管面临各种挫折困扰，拿破仑也从未真正放弃自己为科西嘉岛撰史的梦想。这个计划生生不灭，就算注定无法完成。在圣赫勒拿岛，这部历史成为他的迷执固恋。蒙托隆（Montholon）追忆说拿破仑回到了他的初恋："我希望……您为我查阅帕欧里的相关档案做些调查研究。我想写一部科西嘉岛史，青年时期我就开始这项工作了，我常常觉得自己满脑子都是回忆。"他将会彻夜不眠检索《东方学丛书》(Bibliothèque Orientale)，寻找科西嘉岛撒拉逊国王的相关资料。

拿破仑总是被放逐。圣赫勒拿岛，他最后的岛屿，在这里他很有可能最终会成为一位历史学家。他忍不住做了一个比较，引起了拉斯卡斯的注意。"祖国仍然让我觉得很珍贵，"他说，"甚至圣赫勒拿岛也是如此。"他错在退位后没有回到科西嘉岛，回到这个他觉得会安全的地方。但是，拉斯卡斯说："他不想人们说他眼睁睁地看着整船的法国人沉没，自己却有本事找到安全的避风港。"他必须要再次经历海难，成为永远的鲁滨逊·克鲁索，活在《新科西嘉》的情节中。

"我们之间再也没有海洋了"，这句话中的隐喻，变成了拿破仑的新的幸福论的核心。不管喜欢与否，每个人都应是"陆地的一块土"。地图上将不再有任何与世隔绝、遭受风吹雨打、分散于茫茫大海、饱受忧郁之苦的孤岛存在。当大陆本身获得岛屿的独特性、岛屿的自我认同后，岛屿，这些独立的实体，就将与大陆连为一体。"大陆不过是被海洋环绕的一大片土地而已，"拿破仑在其地理学笔记（笔记第十一册）中这样写道，"所以陆岛相连，岛屿也是被海洋环绕的土地。"法国，整个欧洲、亚洲，还有全世界，都将以（理想化的）科西嘉岛为楷模。如果海洋不再有分隔，那么拿破仑一定会想方设法越过海峡（或是在下面开出一条隧道来）。如果他也被迫学习了法语（尽管不够好），那么其他每个人、尤其是英国人都应该学说法语，他们的法语只会比自己的更糟糕。但是，他会首先从本土——地中海——开始做起。

# 第三章　心胜于物

1798 年 3 月，拿破仑交给自己的秘书布里昂（Bour-rienne）一张手写便条，特别指定了一个将要带去下一个战场的"bibliothèque portative"（移动图书馆），内容涉及历史、虚构小说、地理、科学、诗歌、政治、宗教，包括裁相、《古兰经》以及雷纳尔《东西印度史》。到了 5 月埃及远征军出发之际，这个移动图书馆已膨胀超过一千册。由于数量太过庞大，拿破仑不得不设计了专门的运载装置——改装的大炮运输机——才能装下所有书籍。埃及，是典型的拿破仑式进化场景：首先是阅读，然后是写作，最后则是将书本投入战斗。

拿破仑是一位东方学学者，早在扬帆东进之前，他就沉浸在法老、波斯、汉尼拔、轮回转世、奥西里斯（Osiris，古埃及神话中的冥神和鬼判——译者）的传说故事中。埃及，首先是需要在纸上征服、占领的一个主题。拿破仑可能是从普鲁塔克（Plutarch）的著作和伏尔泰的某部全球史开始入手的，然后转入罗林（Rollin）的三卷本《古代史》（*Histoire ancienne*），最后专攻马里尼神甫（Abbé Marigny）更为专门的《哈里发时期阿拉伯史》（*History of the Arabs Under the Caliphate*）。驻扎奥克松、前往瑟尔省平叛期间，拿破仑曾就马里尼此书做过大量笔记。他开始虚构重建马里尼书中的一个片段，即有关于哈里发二十二世在位期间一位戴着面具的造反先知的故事。所以，"Le Masque prophète"（可译为《先知的面具》）一书，应写于 1789 年年中。 62

这个短篇作品，讲述了叛党哈克默挑战英明王子马哈迪的统治，最后以失败告终的故事。书名中的那个银面具是哈克默用来愚弄信徒的伎俩，他声称这是为了不让自己脸上发出的神圣之光刺瞎他们的眼睛。其实，他不过是一个破了相的瞎子而已。最后，寡不敌众的哈克默拒绝投降，他毒杀了自己的下属，把他们的尸体扔进石灰坑，然后自焚而死，搞得所有叛军都像奇迹般地升了天一样。哈克默是一个极其高明的撒谎者和骗子。

而另一方面，马哈迪则是 "grand, généreux, éclairé, magnanime"（伟大的、慷慨的、博学的、宽宏的），他是通达理智、宽厚仁慈的开明仁君，颇具政治家风范，沉着带领阿拉伯帝国走向和平、繁荣、昌盛。他还是一位智者，"在哈克默破坏和平之际，仍致力于促进科学的发展。"安宁和真理携手并肩，相辅相成。所以，哈克默的叛乱不仅制造了分裂，还使得群情激愤，花言巧语、骗术诡计甚嚣尘上。这个故事写于大革命期间，故而在某种程度上不可能不把它读为对法国时事的寓言性反思，读为对旧制度（ancien régime）灭亡的东方置换。从这个意义上说，拿破仑对于大革命的所谓热情，显然因为强烈意识到其堕落腐化的后果而趋于缓和，且有微妙变化。这一时期，马哈迪仍然难免是帕欧里的前身、拿破仑理想中的领袖，巴格达则成了东方的科西嘉岛。但是，《先知的面目》与其说是历史中的一个插曲，还不如说是一种原型叙事，它抓住了帝国和颠覆之间的根本冲突，既是标准的文学，同时又完全是政治性的。

63     "哈里发君臣意识到有必要将这一场危险的叛乱扼杀在摇篮中"，拿破仑这样写道，这场由马哈迪（博学睿智的王子）发起的反对哈克默（骗子和煽动家）的正义之战，不仅仅只是为了平息叛乱本身，它还是一场全面针对谎言和歧义的政治、文学运动。科学和艺术势不两立。但是，在小说结尾，"这就是哈克默（又名布尔凯）的结局，信徒们相信他和他的部下都升天了"，这充分说明，就算哈克默死了，他的遗产也完好无损。即便是在埃及，尤其是在埃及，也没有逃跑不了的文学。

拿破仑对布里昂说："我们必须要去东方，那里有所有的大荣耀。"最初，他想加入印度蒂波·萨希伯（Tippo Sahib）的队伍，后又希望成为土耳其苏丹王的雇佣兵，最后还是埃及召唤了他，为他开启了世界之门。在看过他的"开罗至塞尔海耶（Salehhyeh）线路图"后，索科沃斯基(Sulkowski，后来也死于埃及) 将军这样说道："埃及这个国家……最能吸引文坛的注意。"从雨果到福楼拜，多亏了好几代诗人、小说家的共同努力，对于整个战役的描写充斥着各种辉煌壮丽的字眼。从军事上说，这不过是一次旷日持久的失败，但失败却奇迹般地被无限后延、被粉饰为一次名不副实的惊人壮举，甚至还被说成是对巴黎拐弯抹角的包抄夹击。不过，从一开始起，埃及远征就是一种公开的文学现象，是史诗中的一次行动，是一个法国读者渴望刀光剑影的知识幻想。

塔列朗和督政府自有打算（主要是为了除掉拿破仑），但对拿破仑而言，埃及是他展现他的东方观的绝佳机会。他这一时期的言论和书信，杂糅了共和制的信条、雷纳尔式的解放神学、伏尔尼（Volney）西方压倒东方的自明公理。不过，统摄所有这些主题的，则是他从意大利获得的一种元叙事（还有诸多艺术珍品），即主导一切的文艺复兴观。法国，埃及，东方，世界，最 64

91

重要的是还有他自己，都迫切需要重生。而通向这一激进变形的道路，就在于穿过知识的王国。

科学与艺术委员会（Commission des Sciences et des Arts）充斥着拿破仑的想法，他开始走上巴黎街头（在阿尔诺的协助下），挨家挨户敲门劝人加入自己的队伍。他就像是百科全书的推销员一样，但有一个虽小却意义重大的区别：那些现在被他的特别提议所打动的顾客们，将来也会亲自书写这部著作（这就是后来著名的《埃及记述》〔Description de l'Egypte〕一书）。抛开所有细节不言，他肯定会谈及各种充满幻想的抽象概念，如崇高的使命、实现命运、献身启蒙事业。居维叶（Cuvier）、拉普拉斯（Laplace）、达维特（David）等人勉为其难地拒绝了这份荣耀。据说，很多人倾倒于拿破仑的说服力，加上法国知识分子又较为感性，结果最后共有167位专家学者（均为男性），包括天文学家、艺术家、诗人、博物学家、建筑家、矿物学家、东方学家以及一位巴黎歌剧院的前男中音，报名参加了这次神奇之旅，成为拿破仑多才多艺、群星荟萃的合作者。让－朗贝尔·塔利安（Jean Lambert Tallien）也是成员之一，他曾参与了1794年国民公会推翻罗伯斯庇尔的行动，在意大利期间也曾受到过拿破仑家族的庇护。

塔利安曾为《埃及十日：文学与经济政治报》（La

*Décade égyptienne: Journal littéraire et d'économie politique*，1798 年 9 月在开罗出版发行）发刊号撰写过说明文章。文中，他认为大革命——"自由王国"——使得无数期刊杂志应运而生，很多有新闻价值的事件也值得一书，市场需要轰动效应，且不乏消息来源。关键是要保持这一势头："最非同寻常的事件源源不断。"大革命已经激发了公众对奇观的需求，埃及远征就是为了满足这一需求。拿破仑被誉为新的、激动人心的故事的最丰富源泉。这次行动并不像其所声称的那样含蓄低调。所有证据都表明，在意大利建功立业之后，拿破仑典型的作者关怀是：接下来该做些什么？埃及，就是用来超越意大利的。

不过，塔利安也指出，以知识为主导的文艺复兴这一主题应成为法国在埃及的核心。他认为，大革命的悲剧正在于它背叛了艺术和科学（例如，最早被送上断头台的伟大化学家拉瓦锡的名言"共和国不需要学者"，至今还回响在他耳边）。如今却传来了好消息："一些人，他们以学识渊博和热爱文学著称，已经开始着手恢复哲学（十八世纪末的 la philosophie 一词，包括了所有的艺术、科学活动）那本不应丧失的支配地位。"所谓的"教化使命"论，指的就是法国人来到埃及启迪民智。但是，事情绝非这么简单，法国人也很难以恩人自居。和埃

65

及一样，法国也跌入了正在兴起的蒙昧无知、反智主义的低谷。法国几乎也像埃及一样迫切需要革新。

加斯帕·蒙热（Gaspard Monge）——数学家，《画法几何学》作者，科学与艺术委员会主席——就曾思前想后，犹豫不决。拿破仑派他前往罗马置办配备有法语、希腊语、阿拉伯语字体的印刷机。1798 年 3 月，身在罗马的蒙热致信拿破仑，称所有事务俱已办妥，但他觉得自己真的应该回到巴黎综合理工大学（Polytechnique，他曾参与筹建此校）研究画法几何。"如果稍微再年轻一些，"蒙热底气不足地写道，"就再也没有任何事能比为您效劳更让人高兴的了。"但他在巴黎还有应尽之责，更不用说家中还有老妻。"请允许我物色几位人选，他们一直远远敬佩您的才华、欣赏您的作为、歌颂您的光荣。"拿破仑立即回信，说自己正指望那些印刷机、指望蒙热呢："哪怕带着整个舰队溯台伯河（Tiber）而上，我也要来接您。"不愿意追随拿破仑的蒙热，收回了自己的迟疑，同意自愿加入他的无敌舰队。

拿破仑的这支文艺复兴移动队——当然，由蒙热担任领队——终于在 1798 年 5 月 19 日从土伦起航。整个舰队如此庞大，以至于"（岸上的人们）眺望地平线时"，土耳其人尼可拉斯（Nicholas）写道："他们根本66 就看不见海水，只能看见天空和舰船，他们被无法想象

94

的恐怖所俘获。"在与纳尔逊玩猫捉老鼠游戏的同时，拿破仑还在旗舰"东方号"上举办了为期三天的卢梭研讨会，主持讨论了宗教、政府、宇宙的年龄、梦的解析等问题。就其学术抱负而言，"东方号"（船），是理想的东方（地区）社会的缩影和模型。前往埃及途中，拿破仑在马耳他暂作停留。一周之内，他克服了微弱的反抗，没收了圣约翰医院骑士团（the Knights Hospitalle of the Order of St. John）的财产，废除奴隶制，宣布信仰自由，整顿教育系统，开办以法语课程为主的学校，还创办了一座以巴黎综合理工大学为样板的新学院，设立教授职位，附设图书馆、博物馆、植物园、天文馆。他还颇有先见之明地打开马耳他监狱大门释放了数百名穆斯林，这些人后来会派上用场，成为他的宣道者。

登陆亚历山大港的那个夜晚相对平淡些，拿破仑写道，十九人被巨浪吞没，"满月光天，如同白昼，直照在干旱非洲苍白的土地上。"不过，从亚历山大港到开罗，需要直穿过撒哈拉沙漠边缘，又时值一年中白天最炎热的时候，这段旅程极大地考验了委员会的勇气，也使得蒙热写出了一篇以海市蜃楼为题的冷静的科学论文。一到开罗，委员会就将总部设在前埃及后宫，那里曾经驻扎着埃及统治阶级、军事精英马穆鲁克（Mame-lukes）的一支部队。拿破仑声称解放埃及就从这里开始，他忍不住要效仿巴黎：法兰西学院（Institut de France，成立于 1795 年，取代了 Académie française）坐落在塞纳河畔，埃及学院则矗立在尼罗河畔。占领开罗期间，在围城、屠杀、炮火的间隙，来自巴黎综合理工大学的年轻数学家们还组织了一场微积分考试。除了手中的项目外，学院每五天碰头一次（重大战役和远征时期例外），自诩拥有正式成员三十六人，分为四个部门，即政治经济学、物理学、数学、文学与艺术。

当然，委员会和学院还需要考虑很多技术问题。拿破仑本人就曾提出以下几个主题：改进面包烘焙、净化尼罗河、酿造没有啤酒花的啤酒、制造火药，他最重视的则是开凿一条贯穿苏伊士湾的运河。实际上，研究范围没有任何限制。当时，有一幅持怀疑讽刺态度的英国漫画，画的就是两个法国学者在提交他们的研究论文——分别以"鳄鱼的教育"、"鳄鱼的权利"为题——时遭受愤怒的鳄鱼袭击的情景，一个人大腿被咬，另一个人屁股受伤。这与事实相差无几。博物学家圣蒂莱尔（Geoffroy Saint-Hilaire）就对鳄鱼的性器官兴趣尤为浓厚。学院碰头会上的论文题目五花八门：枣树，海水的真正颜色，魔法，卖淫，鸵鸟，舞蹈，鱼的画像，沙砾的不同类型，沙丘的形成。帕塞瓦尔－格朗梅荣（Parseval Grandmaison）朗诵了自己翻译的塔索（Tasso），还朗诵自己诗作中的篇章，这些诗篇可能会让人联想到学院本身的环境。学院碰头会通常露天举行，空气中弥漫着柑橘园的芳香："在这个神奇的地方，我们的嗅觉和味觉，我们的耳朵和眼睛，全都受到诱惑，全都沉醉其中。"他歌唱河流、爱情鸟、泉水、果实、无花果、橄榄树，把埃及比作伊甸园。出版主管马塞尔（Marcel）翻译了一首阿拉伯颂诗，主题是歌颂拿破仑的伟大。埃及学院是拿破仑在旱地上的"东方号"，是启蒙的旗舰，船员都是知识分子。

　　拿破仑——副主席、数学部的杰出成员（事实上，早在1797年，由拉普拉斯提名，他就已被选入巴黎的法兰西学院）——扮演的是高贵王子马哈迪的角色：伟大、慷慨、开明、宽容，致力于促进科学发展。他扬言要向学院提交一篇数学论文，后被贝托莱（Berthollet）劝阻。学院的séances（会议）氛围，从专门记录该院最新研究成果的《埃及十日》的字里行间可见一斑。《埃及十日》的副标题"文学报"，体现在各种广告和社论中："这段每十天一次的旅程，都将是纯粹的文学之旅。这里没有新闻事件、讨论政治性质问题的空间，但只要是属于科学、艺术、商业贸易领域（无论是总论还是专题），只要与民法或刑法、道德或宗教制度有关，都将受到热烈欢迎。"用拿破仑的话来说，文学与政治不同，

68

它包罗万象，来者不拒。只有一样东西，如果不加以忽略或抑制，就会前所未有地无孔不入，那就是马塞尔在其关于阿拉伯某位诗人的论文中所言的法国人的 empire littéraire（文学帝国）。说拿破仑的帝国具有文学性并不荒谬可笑，从大百科全书式的《埃及十日》来看，拿破仑的帝国同时还是艺术的、科学的、司法的、宗教的。

关于远征埃及期间（以及整个帝国发展过程中）硬件（军事、技术、武器、经济资源）、软件（意识形态、文学、话语、文本、语言）孰轻孰重的问题，曾有三种经典假说：

1. 技术至上，文本无关紧要。（盖尔纳）
2. 技术与文本实乃盟友。（萨义德）
3. 文本至上，技术无关紧要。（鲍德里亚）

第一种历史观，显然是决定论的、实证主义的：只要权力和科学之间出现失衡，它们就会自动拉平，就像水从高处往低处流一样。第二种观点认为，这取决于你以及整个文化如何看待权力与科学之间的失衡。第三种观点认为，面对观念、理论、形象这一庞然大物，单纯的物质差异无关宏旨。晚近的历史学家认为拿破仑是一个立足于现实的精明的实用主义者，对于适合自己需要的观念，他动口不动手。爱德华·萨义德在其《东方主义》中提升了所有知识软件（认识型〔epistémè〕或"话语间交互性的形成"〔interdiscursive formation〕）的地位，认为语言、文学是腐化这个世界的大阴谋的一部分，作家、学者与权力存在共谋关系。但是，拿破仑进入东方的方式甚至更有后现代做派，他赋予"艺术与科学"以近乎魔法的、迷信的权力，让想象的、符号的超现实凌驾于现实之上。对于拿破仑而言，东方，是可以被制作、被设计安排、被写成脚本的。他 <sup>69</sup> 以一种高度成熟的文本方式进入东方。正如反物质主义者威廉·布莱克所言，十八世纪末，"帝国的基础是艺术与科学……帝国模仿艺术，而不是像英国人以为的那样艺术模仿帝国。"

后来，回到巴黎，拿破仑对可爱、不忠的雷慕莎夫人（Madame de Rémusat）吐露心声："埃及是我一生中最美好的时光，因为它最不真实"，"在埃及，我发现自己抛开了文明社会让人气馁的所有条条框框。我可以肆意梦想一切，可以看到实现这些梦想的手段。"观念先于事物，这一前提是远征的基础。帝国是精神的流溢发散，埃及则应成为心胜于物的不朽明证。实际上，拿破仑的战争回忆录也使用了这一说法，他以柏拉图式的、基督徒式的术语明确界定西方具有"心胜于物、灵胜于肉的优越性"。只要反复灌输正确的思想和情感，民众就会获得幸福。先书写故事，再让民众去相信这个故事。现实流变不居、难以捉摸，必须被清晰表达出来，必须被建构、被界定。这个世界在有权存在之前，就应该被思考出来。这就是埃及远征以求知、寻找知识"圣杯"这一形式存在的原因之所在。我们不应对这一宏大的动机——既是模仿的，也是真实的——冷嘲热讽，因为它从属于拓展人类意识、增进沟通、开启对埃及的系统研究等大事业。例如，圣伯夫，无疑就对此有准确理解："在这么多页（拿破仑的战争回忆录）中，可以感受到拿破仑对自己身为文明战士的使命是何等的郑重其事，他不仅仅是插入神秘东方的又一柄宝剑，还是一柄熠熠生辉的利剑。"从某种意义上说，埃及远征不过是一次非常昂贵的集体研究之旅，涉及大量的田野工作，还需时常查找档案资料。

整个事件背后的历史理论，都围绕重生这一主旨。科学和艺术，起源于东方（尤其是中东，更具体地说是埃及），后传入西方，现又回到它的起点。知识生于埃及，后又死亡——或至少是处于休眠期——但现在又成功重生。拿破仑高举火炬，这把火炬曾经燃烧在尼罗河畔，后传至希腊，传至意大利、法国（英格兰没受什么影响），现在又回来了。大革命曾长期鼓吹重生论，还将这一理论与东方联系在一起。1793 年 8 月，一座以青铜镶饰的石膏喷泉在巴士底广场竖立起来，神圣的生命之河从伊希斯（Isis，埃及神话中的生育女神。——译者）丰腴的双乳间喷涌而出。法老们又重新成为启蒙运动的先驱。拿破仑开始抓住这个主题，发挥其史诗潜能，进行大规模的创造、毁灭和夸张。

拿破仑的巨大优势在于，他没有现在感。他无力活在现在，现在对他而言毫无意义。他总是活在过去和未来，从未完全存在于现在。现在完全被过去的幽灵、被未来的预示所占据，现在本身毫无立锥之地。现在是低谷，是空无，左右两边则是丰富的已逝和将来。"只有两个系统，"拿破仑说，"那就是过去和未来；现在不过是痛苦的过渡时期。"埃及，完美地契合了这一先验的心理和智力倾向。

这一彻底的消极，也能产生出积极的效果来。"埃及的用处，不仅在于它所拥有的，"数学家傅立叶（Fourier）在《埃及记述》导言中这样说道，"更在于它所缺乏的。"画家维旺·德农（Vivant Denon）更生动地表达了这一看法。来到底比斯城（"底比斯，单单是这个地名就以丰富的回忆让人充满想象"）后，他得出结论说希腊什么都没有发明，希腊的所有一切都抄自埃及。在提交给学院的一篇论文中，他抱怨随军穿越沙漠，抱怨自己在广漠空间中感到"nullité"(无能为力)、"rien"(微不足道），但一想到璀璨夺目的底比斯就感到莫大安慰，底比斯"只有通过持续的反射作用才能封存心中；如果能够留住这些最初的印象的话，也只是因为它在缺席时才会生出这些人们能够去分析、批评、接纳的印象"。现在的毁灭，实际上是知识重建东方的组成部分。在拿破仑看来，埃及的关键在于，它就像他自己一样，几乎不占有现在：它只是它前生的一个影子，它真正的辉煌壮丽必须借助想象和投射。

这些预设产生了杰出的双子文类，这就是考古小说和科学小说（或曰技术乌托邦主义），遥远的过去与即将来临的未来在其中交叠互锁。科学与艺术委员会以及埃及学院的整个工作，大致可以分为两类，而这两类都是秘密的：寻找失去的源头，如拿破仑所撰的《寻找遗失的时光》(*A la recherche du temps perdu*)；重建过去(《追忆逝水年华》〔*Le Temps retrouvé*〕)。 这一使命弥漫着后来威尔斯(H. G. Wells)所谓的"对未来的乡愁"。在拿破仑看来，征服从属于求知，征服的每一步都与求知密不可分。拿破仑在埃及最有名的誓师演讲，有可能是金字塔战役的那一次，反映了他对过去在场的敏锐感受："从这些金字塔的顶端，四千年俯视着你们。"也有可能是登陆前夕的那一次："我们即将开战的第一个城市是亚历山大缔造的。每走一步，我们都会发现那些值得激发法国人效仿的回忆。"而未来的在场，也同样回响在拿破仑庆祝共和国成立一周年的祝酒词中："为法兰西共和国三千岁干杯。"这一堪比儒勒·凡尔纳的祝酒词，又进一步被发扬光大，蒙热称"为完善人类心灵和启蒙运动的进步干杯"，贝尔蒂埃（Berthier）则展望未来："为驱逐马穆鲁克、为埃及人民的幸福干杯。"

在埃及，拿破仑还在最后润色他的《论幸福》：72 "我希望您能让埃及人民知道，我一心只求给他们带来繁荣和幸福；就像尼罗河是最好、最幸运的河流一样，主若愿意的话，埃及人民也将是所有造物中最幸福的人民。再会。"在假设法国人统治五十年后，拿破仑在战地日记中又以他的"只要"（if-only）句式作离题发挥：

> 文明本可以经由森纳尔（Sennar）、阿比西尼亚（Abyssinia）、达尔富尔（Darfour）、费赞（Fezzan），一路传入非洲内陆；一些伟大的国家，本可以蒙受艺术、科学、真神信仰的恩泽；因为文明穿过埃及，非洲中心的人民必能获得光明和幸福。

教育（由法国人来教育）是幸福的关键。尽管士兵们对学者怀有某种程度的怨恨，拿破仑的思想却已渗透学院和整个军队（说故意散播可能更准确些：舰队一到达目的地，拿破仑就下令印刷、散发自己的宣言，"为了让它们尽可能得到最广泛的关注"）。他的很多合作者，尤其是《埃及十日》，欣喜若狂地谈到"时间、理性和公共教育"让军事干涉显得多余，还使得法国人专心致志于自己的研究工作。同样，蒙热也期望他们的努力有一个幸福的结局。蒙热是第一个登上吉萨（Gizeh）大金字塔的人，登塔之后，他兴高采烈地写信给妻子说："这个国家经过法国人五十多年的重建再造、彻底渗透后，这里将会成为人间天堂。领主们可以冬天来这里增加他们的财富，春天回巴黎坐吃收益。"

在这块以金字塔作为精神力量支配控制庞然大物的象征的土地上，建筑学获得了普遍的首要关注。但对于这一主题，几乎所有的观察都未能越出"衰落"这一话73 语框架。所以，青年建筑师夏尔·诺利（Charles Nor-ry）对亚历山大城的第一感受，可视为拿破仑那番开场白的脚注和现场点评：

我们来寻建筑师迪诺卡雷斯（Dinochares）修建的亚历山大大帝的亚历山大城；我们来寻这个孕育了诸多伟人的城市，这个法老将人类知识档案汇集在一起的图书馆；我们还来寻这个与勤劳能干的人民打交道的城市。可我们找到了什么？目之所及，唯有废墟、愚蛮、退化和贫穷。

卓绝的标志性建筑将会成为浪漫主义的标志，尤其是夏多布里昂的名片，现在却成为了废墟。反讽的是，废墟竟如此完美：它包含了它曾经所是的幽灵，还包含了展望其将来所是的理由。

建筑学这一主题，如果翻译成生态学，难免与沙漠化联系在一起。沙漠成为衰落 —— 由生育变成不孕 —— 的狂暴象征。"如今被沙的海洋所占据的广袤空间，在远古时代却是富饶肥沃、人口众多的地区。……但所有一切都已埋葬在沙的洪流下。"不过，拿破仑坚称，沙漠蔓延错不在大自然，而是因为糟糕的统治，故而可以扭转过来。"如果不是马穆鲁克，不是他们的贪婪暴虐、不公不义，还有谁该为摧毁这一切负责呢？"应该谴责的是文化，而不是大自然。所有的一切都想变成存在，所有的阴谋论都是真的。马穆鲁克所引发的批评，是法国人如何看待自身的对立面。"马穆鲁克，虽然他们成为这个国家的统治阶层，他们却没能吸取过去的经验教训，对未来的预兆也置若罔闻，只停留在现在这一刻。"马穆鲁克，这一沙漠生物，他们好色贪婪，受困于现在，而法国人，则以一种精神上自由浮动的方式，[74]

向前、向后超越了现在这一刻。

拿破仑喜欢将自己象征性地认同于尼罗河，它灌溉、播种、使土壤肥沃、抵挡沙漠，是大自然的力量。相应地，1798 年 8 月，他主持了开罗防洪闸的开闸仪式。《埃及邮报》(*Courier de l'Egypte*) ——法国报纸，也是《埃及十日》的合作伙伴——并没有不屑于明确谈论政治活动，而是在现场为后人记录下了这一事件："转眼间，尼罗河冲过闸门流入运河，为开罗周边的村庄带来沃土……人群歌颂先知和法国军队，诅咒贝伊(bey，阿拉伯地区对地位尊贵的人的尊称。——译者)和他们的暴行。"埃及的如期蜕变，代表了季节的变迁：这个国家经历了困乏的冬天，但如今拿破仑来了，迎来了文明重新盛开的春天。

此外，还出现了其它一些变化。例如，自己的身份认同永远摇摆不定的拿破仑，又再生为克比尔苏丹(Sultan el-Kebir，"大帝")，皈依了伊斯兰教。他试图戴头巾、穿阿拉伯式长袍(塔利安劝阻说这种装扮不适合他)，把自己包装成穆罕默德的门徒，被派来恢复伊斯兰昔日的辉煌。他还试图让自己的军队也集体改变信仰，但又不得不承认，他们所有人都喝酒、且大多数人未受割礼这一事实有碍于他们成为伊斯兰教徒。最后，他做出妥协，豁免他的士兵们可以不受这两条教规的约束，但他们进入天堂的机会也相应会受到限制。梅努（Menou）将军自己则举行了皈依仪式，为的是迎娶某位穆斯林女士为妻。

为了便于埃及民众消化理解，拿破仑与年轻的东方学学者帕拉迪斯（Venture De Paradis，他注定死在埃及）密切合作，以阿拉伯语发布公告。"我无所不知，"拿破仑以他那神秘的伪伊斯兰风格对开罗民众说道，"我知道你们的所有想法，甚至知道你们对神灵没有开口说出的那些话……所有的抵抗都是徒劳的。"没有什么能逃过他的法眼："我也能看穿你们每一个人，因为只须看一眼，我就能知道他的所有一切。"并不是每个人都相信这一点。埃及编年史家、开罗本地人阿卜杜勒·拉赫曼·阿尔－贾巴里（Abdel Rahman Al-Jabarti）就对法国人的存在态度复杂，他这样写道： 75

> 他们（法国人）印了很多份（文件）送给王公贵族；他们还把它们张贴在十字路口、窄巷子口和清真寺门前。在他们制定的条文里有很多愚蠢的说法，要求照顾他们希望被人理解的感受，因为他们不太了解阿拉伯的构造规则。这一切，不过是为了攫取财富所耍的花招而已。

但在开罗，拿破仑有足够自信在刻意安排的研讨会上即兴解说《古兰经》。"在《古兰经》这部圣书中，"他对一群伊玛目、穆福提、乌里玛说道，"提到我会自西而来摧毁伊斯兰教的敌人……有二十多处文字，正在发生的事情已经被预见到了，即将发生的事情也同样有所解释。"他的听众们毕恭毕敬地点头称是。"我们每个人，"他们回答说，"都对您的完美想法充满敬意。"如果说拿破仑的策略是某种"高级江湖骗术"（后来他也是这么告诉拉斯卡斯的）的话，那么，这种骗术也完全是相互的。

为了与拿破仑本人对文本的强调保持步调一致，委员会的考古工作也明显偏重于文学性，致力于收集古埃及象形文字，探寻文字的起源。"已经在一些书写活动中发现了浅浮雕字符"，为了引起拿破仑的注意，前外交官、现任艺术总监维旺·德农在 1799 年 8 月提交的一份论文中特意指出这一点，还描述了自己在帝王谷（the Valley of the Kings）的经历：

　　我还偶然发现了这卷纸莎草文书，这份独一无二的写本已经是您的珍品了；相对于金字塔而言，它是那么脆弱，是此地气候防腐效果的珍贵见证，是连时光也敬让三分的丰碑，是四千年间最古老的书籍。

比起其存在本身这一事实来，这些早期文本的意义
还是次要的。直到 1820 年代，商博良（Champollion）和
扬（Young）才完全破译了象形文字。但是，正是在这次
远征期间即 1799 年 7 月修筑防御工事时发现了"罗塞
塔石碑"（Rosetta Stone）。马塞尔——他的工作是制作石
碑拓片——从一开始就意识到这块石碑的重要性，它由
希腊文字、古埃及象形文字、古埃及通俗文字三种文字
对照刻成。从语言学上看，这块石碑的发现可与探寻物
种起源相提并论。马塞尔也研究了后来的其它文本，得
出结论说劳克曼（Loqman）的寓言是伊索、拉封丹寓言
的原型，因为东方专制君主激发了寓言、编码、反讽这
些表达方式的兴起。"对寓言手法的偏好在东方一直保
持至今，其日常语言也对富有隐喻性的惯用语、对比喻
和象征这些表达形式见惯不惊；我们西方的语言讲求严
谨精确，不敢采用那种方式。"据此而言，拿破仑的埃
及风格代表了严谨精确和象征主义、东方和西方之间的
友好关系。

正因为埃及的知识活动据说已经衰落，性行为才
异常活跃并取而代之。后来的游客，如福楼拜、奈瓦
尔（Nerval），可能归根结底都是性游客。但是，埃及

学院那些寂寞的学者们却留下了这样一段明显具有清
教徒意味的文字：

> 十二至十五岁的男孩已经有了性冲动。他们甚
> 至用春药来刺激自己，而且还能在异性中轻松找到
> 愿意满足他们需求的伴侣。或许正因为如此，给我
> 们带来这么多负面影响的手淫行为，在他们中却并
> 不常见。

另一位作家则注意到，尽管"手淫行为秘而不宣，
几乎不为人知……但这一违背自然设计的恶习却非常普
遍，尤其是在成年人中。就连基督徒们也难逃指责"。
拿破仑高度重视首例法军士兵因鸡奸罪而被关押的报
告。因此，让学院接管埃及后宫、在这一肉欲的处所
盖上法国知识分子的印记，并不是一种巧合，而是为
了预防重大的文化变形。（另一方面，海军上将佩尔
〔Pérree〕，一位非学者的作者，则私下承认："贝伊给
我们留下了一些美丽的亚美尼亚、格鲁吉亚女子，我
们以国家之名把她们揽入怀中。"）

在委员会和学院的工作中，大气球实验既是一个高
潮，也是一个低谷。这一实验原本是为了展示技术的卓
越之处，某种程度上还有可能是为了展示空灵、精神性

以及人类对地心引力的反抗。在副主席的督阵下，学院的成员们不断进行科学实验。为了给阿拉伯人留下深刻印象，有些实验还是公开进行的。让人沮丧的是，如此多的开罗民众却对他们在静电、风力漩涡以及其它五花八门的新奇装置上的努力漠不关心。幸运的是，他们手中还有 montgolfière（热气球）这张王牌。以大量篇幅大肆渲染热气球（涂成三色）升空时间的《埃及邮报》贴满了全城，市场、清真寺也四处派发小册子。当天，人群如期而至，他们也着实开心了一把。对于 1798 年 9 月那个宜人午后所发生的事情，阿尔－贾巴里为我们留下了最尖利的记录：

> 下午祷告后约一小时，法国人点燃了引信，烟雾升入布皮，膨胀得像一个球一样。烟雾试图钻入布皮中央，但没有出烟口，于是带动飞船往上升；旁边拉绳的人，帮助它升离地面。然后他们砍断绳索，它就随风升上天空，令人愉快地飘了一阵子。然后，它的架子和引信一起掉下来，接着布皮也掉了下来，很多张（宣传这次实验的）传单散落一地。当时，法国人对它的坠落感到羞愧，他们曾经所说的准确性也没能得到证实，即它会像一艘计算精确的船一样在空中航行，人们可以坐在里面游历

远方，去获取知识、传递信息。但它现在看起来更像是仆人们在节日和婚礼上制作的风筝。

78      它原本应该像是儒勒·凡尔纳《气球上的五星期》(*Cinq semaines en ballon*) 中的一个片段，非洲人深信法国人就是神。但热气球 (montgolfière) 的命运却成为埃及远征的后果的一个预示。

从根本上掀起一场知识复兴，这一使命注定遭遇某些蒙昧无知的障碍。这是写定了的情节脚本。"不幸、野蛮的民众不断阻扰（我们的）研究"，索科沃斯基这样写道。在1798年10月21、22日的开罗暴动中，委员会有成员被害身亡，学院本身也遭到攻击，学者、诗人、画家们被迫成为加斯帕·蒙热手下的士兵。据随身带着一把佩剑、两只手枪还有一支画笔的维旺·德农说："所有学者都拿起了武器。我们有指定的指挥官，但我们每个人都有自己的计划，没有人觉得有义务听从他人。"城中，宣礼塔中的宣礼人号召信徒起义而不是召集他们做祷告。前朝后宫中的专家学者则忙着架设路障，准备击退来犯之敌。他们最终毫发无损。法国人死了几百个，阿拉伯人死了几千个，拿破仑不得不在集市上公开处决了那些煽动叛乱的人。《埃及十日》遗憾于"开罗爆发的这场煽动性的运动，阻碍了学院召开会议"。拿破仑很快又开始与挑起暴乱的同一批伊斯兰领袖们讨论"真理之书"的问题。

但是，比起军事抵抗和意识形态的分歧来，法国人更大的灾难在于物质对心灵一步紧逼一步的复仇。学院例会，还有《埃及十日》越来越多的号外，都出现了越来越多的令人担忧的医学报告。文学期刊《埃及十日》甚至还因自己读起来更像是医学杂志《柳叶刀》(Lancet)而心怀歉意："我们恳请那些认为医学文章比重过大的人想一想，在现在的新情况下，尤其是在疾病比敌人的炮火更猛烈的时候，还是有必要多传播一些相关知识的。"

出自委员会医生成员之手的早期稿件，大多泛论历史、理论、慈善方面的问题。雷内-尼古拉斯·德热内特(René-Nicholas Desgenettes)——首席医官、意大利老兵、学院成员——认为，埃及人曾经是医学大师，现在则陷入了迷信的泥潭，尽管如此，法国人还是能够从其失落的科学的残留中学到一些东西。"衰落"这一主题又找到了大量丰富的例证："鉴于瞎子、跛子在这一地区（达米埃塔〔Damietta〕）四处可见，我们有理由说这里的人种近乎畸变了。"德热内特把整个埃及看成是一家缺乏训练有素的医务人员的大型医院（或曰疯人院），或是一个笼罩在大麻烟雾中的让人昏昧的毒窟。

但是，法国人很快就发现自己变成了残废人。日晒和沙漠联手让军队患上了眼盲症。在艰难穿越沙漠抵达开罗后不久，德热内特就写下了一份关于"眼炎"的备忘录。然后，更多关于痢疾、发热和瘟疫，关于其严重后果以及各种可能的疗法的论文相继出笼，语气也越来越绝望。从这些文章的字里行间，可以大致看出拿破仑与其医学团队之间由来已久的争论。布吕安（Bruant）医生在加沙医护瘟疫病人时染病身亡，德热内特引用与他的通信内容说："在所有疾病中，我们的首要任务就是与疾病赖以存在的物质原因作斗争。"这句话看似同义反复，但对于认为非物质的、纯粹心理上的因素才利害攸关这一看法而言，却是一个有力的反论。

　　拿破仑相信，只要不是装病的话，病人大多都是他们自己身心想象的受害者。只要他的士兵们不再想生病这件事，他们就不会成为这些疾病的受害者。在写给贝尔蒂埃将军的一封信中，他以轻松的口吻谈到心胜于物的效果：

　　　　在埃及这样健康的国家，我不认为（您说您那些生病的军队应该坐船回到法国）是在通过装病等手段来掩盖他们不愿分担我们的考验和风险的真实动机。我更愿意冒这个风险觉得他们会分享我们的荣耀。

这让士兵们陷入了"第二十二条军规"的处境：ㅤ
如果他们想回家，他们就回不去（如果他们回去了，
反而证明他们不想回去）。更积极的想法才是答案，还
有更多的战斗。

德热内特和他那些唯物论副官们（如布吕安）在确
定物质原因（气候、病菌）、提出治疗方案（大黄、草药
茶、鸦片）方面花费了大量时间，而拿破仑和他那些精
神论者却对腹泻轻描淡写，大力鼓吹心理保健。一方讨
论医院、药店、公厕、饮食、火化，一方则讨论雄赳赳
气昂昂的行军拉练有益于增进健康。一篇为了取悦拿破
仑、用他的调子说话的报告这样写道：

　　战争史上有关于如何让那些击垮整个军队的疫
情结束的例子不胜枚举。有必要让士兵们走出他们
的营房，让他们实施长途奔袭，还要把他们送到敌
人嘴边。我们的疫情之所以突然消失，正是因为第
二轻步兵团开拔曼索尔哈（Manssourah），后又回到
达米埃塔，这证明了该疗法的有效性。

拿破仑发自内心地欢迎这些情绪，没过多久，他就

带着自己的大部分军队挺进叙利亚，途经巴勒斯坦时又迅速将《古兰经》换成了《圣经》（阅读时间放在夜间的帐篷里）。有可能，埃及远征中的这一附加行动是他偷偷接近印度的一种迂回策略，但也很有可能是对那些 malades imaginaires（自以为有病的人）的警告。常规战争就是拿破仑对于福利国家的看法。不过，从很多方面看，叙利亚都是埃及远征的一个转折点。

我们知道，对于那些无法继续行军的病患，拿破仑的解决方案就是德热内特拒绝执行的方案，即用鸦片实施安乐死。但是，在格罗斯（Gros）所作的一幅鼓舞人心的画作中，拿破仑在雅法（Jaffa）与疫病患者打成一片，毫不顾忌潜在的染病风险（而且他还有可能用按手疗法治好了一两个病人）。如果将这幅画视为强硬主张因果论的生理学学者与更加强硬的唯心主义者、精神第一性论者两派之间长期争论的一个部分，画中场景（德热内特证实这类事情的确发生过）也就同样可信了。要点似乎在于，拿破仑之所以对瘟疫免疫，是因为他脑中所想的都是健康的思想。他认为，反过来也一样，如果害怕自己染病，就一定会得偿所愿："这是瘟疫的一个特点，那些越是害怕它的人就越危险，那些任由自己被自己的恐惧控制的人，几乎全都死了。"拿破仑估计自己对瘟疫病房的干涉，为军队带来了几个月的喘息机会。

总之，自从法国舰队在阿布基尔（Aboukir）遭受毁灭性打击而一蹶不振后，入侵叙利亚就变成了撤退的一种迂回方式。而且，对于拿破仑来说，阿克尔（Saint-Jean d'Acre）作为要塞实在太远了。"只要我拿下阿克尔……"成了拿破仑的口头禅，然后他就可以戴着穆斯林头巾，成为东方大帝，取道君士坦丁堡回巴黎了。但是，如果说被围困的是叙利亚人就错了，是法国人受到了疾病和体能消耗围攻，他们被微生物一举击倒。阿克尔只是为了转移对主要故事的注意力而上演的一个小插曲。不过，在军情恶化之际，拿破仑和德热内特之间的对话也发生了惊人的转换——堪称翻转。

德热内特的报告，可以解读为某种程度的反讽，或是有些身不由己，毕竟他处在"总司令（即拿破仑）的监督"下。不过，从叙利亚返回之后，在提交给学院的一篇论文中，德热内特似乎也沿用了拿破仑的某些措辞和思维习惯。虽然他并没有真正谴责装病行为，但他也的确看出医生中存在某种共谋。"医疗行政机构大权在握，"他抱怨说，"医生们大肆渲染（传染病的）恐慌，他们鲁莽地激发了民众易受影响、难以约束的想象力，对于他们自己也惧怕不已的这一灾难，他们起到了推波助澜的作用。"德热内特还公然提出一种成熟的精神论假说，认为疾病萌生于医生们的大脑，尤其是他们的记忆：“他们满脑子都是 1720 年马赛大瘟疫事件的模糊历史，他们看见那些事件正在四处重演。”

而另一方面，拿破仑则向德热内特学习，吸收医学词汇。总之，他在敌人面前逃之夭夭，很快就坐船回到土伦（1799 年 9 月），只带走了最初追随他的少数几个委员会成员，留下他的那些残兵败将千方百计去抵挡来自阿拉伯、土耳其、英国、俄国的联手攻击。拿破仑的返回，更具有哈克默骗局的意味，没有高贵的马哈迪的慷慨气度。毫无疑问，就算他没有亲自毒死自己的士兵，他也把那些染疫而死的士兵的尸体扔进了石灰坑。“挖一个大石灰坑，”他下令说，“把死人丢进去。”但是，在 1799 年 9 月开溜之前，他指责德热内特是罪魁祸首，应为叙利亚的溃败负责，因为德热内特没有及时告知他疫病的危险性。在拿破仑对整个事件的这一新阐释中，德热内特深受精神第一性论的影响，没有密切留意疾病的攻击。拿破仑承认，瘟疫也是敌人，是“军队需要戒慎恐惧的强敌之一”，必须时刻警惕它的攻击。他说，德热内特已经不再关心细菌了。

拿破仑总是一个 bricoleur（心灵手巧的人），能够不断适应、融汇、吸收各种观点，他也学会了医生的观点。他变成了物质主义者，但却是以一种精神论者的方

式。用雅各布森的话来说，拿破仑是隐喻的转喻论者
(metaphorical metonymist)。也就是说，他看到了医学的
象征价值，看到了医生身份寓言的可能性。拿破仑以祖
国面临更大危机作为自己离开的借口。在读过西德尼·
史密斯爵士（Sir Sidney Smith）故意送上的最近几期报
纸（相当于英语版的《埃及邮报》）后，拿破仑得出结论
说，在埃及重建之际，法兰西文明圣殿却开始出现了裂
缝。这也合乎逻辑，“他将艺术和科学带回到它们的发
祥地”，衰落的循环却又在他的家乡开始出现，巴黎再
生需要加大剂量。法国，也是迫切需要加以疗治的病
人。所以，医学与政治之间并无必然冲突。拿破仑抓住 83
扮演新角色的机会，重生为医师，就像当初他和他的军
队表面上皈依伊斯兰教一样。“他当即决定回到欧洲，”
拉斯卡斯（在拿破仑的监视下）这样说道，“救治祖国
的疾病，如果还来得及的话。”从教授转型为医生，这
就是拿破仑自己的新生。

反过来，德热内特接任了《埃及邮报》编辑和学院主席的职位。他像潘格洛斯博士（伏尔泰小说《天真汉》中的人物。——译者）一样，过分乐观地正面看待军中的严重疫情，认为这是有益的研究背景，将来会惠泽人类，为此他觉得责任在身：“我必须置身其间，为了将来的深入研究，为了医学艺术的进步，还为了相当

一部分人种的健康，而保存这一巨大、新颖的研究成果。"随着埃及撤退的逼近，每个人都想要说出自己的故事。

埃及远征，始于一座图书馆的形成，终于一座图书馆的毁坏。几乎可以说，整个远征的关键，就在于重建亚历山大那被毁的图书馆。当学院最终被迫离开埃及（在这里，他们记录古代遗址、细致复制黄道十二宫图）返回法国时，他们肯定也已想到了这一故事情节：你们在另一座亚历山大城放了一把火！ 这是若弗鲁瓦－圣蒂莱尔（Geoffroy Saint-Hilaire）对庸俗市侩的英国海军的严厉斥责，因为他们侵吞了法国人的战利品（尤其是罗塞塔石碑）。他们终归只是水手，不是学者，对艺术和科学知之甚少，他们不配去埃及。学院最后一次例会，对一篇关于尼罗河鳄鱼的论文赞赏有加。

甚至在成为第一执政之后，拿破仑也没有忘记被他留在身后的军队。回到巴黎后，他几乎立即就前往学院。在那里，拉普拉斯送给他一部自己的专著《天体力学》（Celestial Mechanics），拿破仑保证说自己一定会读，"只要我有六个月的空闲时间。"他还邀请拉普拉斯共进晚餐，委派他（1799 年 11 月 15 日）把一群演员和舞女用船运送到埃及慰问军队。他还决定绝不再让他的将士们抱怨无书可读：

第一执政命我，公民部长，恳请您明天收集近期以来最好的杂志、最有趣的图书手册，包括汉堡出版的与近期战事有关的军事著作。集齐之后一起送往土伦，分装成三个包裹，由不同船只运往埃及。

拿破仑还亲自给留守开罗的克莱贝尔将军（Kléber，1800 年 11 月被刺身亡）寄去了一捆书，觉得"您会乐意接受"。这些书籍的内容如下：

1. 法兰西宪法

2. 战争之歌，附音乐

3. 埃及纪要

4. 雾月政变

5. 雾月政变的可能后果

6. 菲尼斯特雷（Finisterre）游记，1794—1795

7. 西方暴乱纪要

8. 十进制计算法，雷瓦尔（Lewal）

9. 通用字母表，蒙蒂尼（Montigny）

10. 学院十三年纪要

11. 哲学周刊，两期

12. 百科全书杂志

13. 化学论文

14. 当代知识，五年

15. 论现代哲学，罗德雷 (Roederer)

16. 论共和国妇女状况

17. 世界主义的英国人

18. 论人类，片段


多年以后，拿破仑坐船前往圣赫勒拿岛，他的最终目的地。他转头对古尔戈将军说道："我不该离开埃及。"毫无疑问，埃及从未离开过他。

# 第四章 信息传送

　　土伦东面的卡马雷湾（Camaret Bay），在法军炮台的掩护下，原本是配有二十门大炮的巡洋舰"小山羊号"的安全港。但是，1801 年 7 月 20 日，以两艘护卫舰"比尤利号"、"桃瑞丝号"为代表的鲁莽灭裂的英国海军，不知为何竟决定出发"拦截"法国战舰。"小山羊号"向岸边回驶一英里，进入己方炮火的掩护射程内；为保险起见，后备队也登上舰艇，船员总数达到 339 人。舰上大炮整装待发，霰弹也已上膛。既是嘲讽也是自负，"小山羊号"上法国军旗的位置高于英国军旗。这被视为恶意侮辱。是可忍，孰不可忍？7 月 21 日晚，280 名英国人乘坐划艇，冒着霰弹、毛瑟枪向"小山羊号"发起猛烈攻击。经过残酷的近身肉搏（短剑、长矛、自美国传来的印第安战斧轮番上阵），（保守估计）双方共有 223 人伤亡（死亡人数居多），英国人拥至帆缆，放下船

帆，控制船舵。22 日，"小山羊号"被俘，耀武扬威
驶离海岸，远离正试图将己方舰艇击沉的法军炮火的
射程。"小羊羔"（Kid）被绑架了。

这是当时无数次类似的英勇壮举中的一次（被兴高
采烈地记录在英国海军编年史中）。它还远远不能与阿
布基尔相提并论（虽然从某种程度上说，它是阿布基尔
的补充，是对更早的英法海军大规模对抗的回忆）。尽
管如此，拿破仑单单挑出"小羊羔"和它那些倒霉的船
员以儆效尤，还发表了诸多旁敲侧击的惊人之论。9 月
19 日，舰上官兵雷瓦索、约蒙特、特纳、劳拉、杜邦、
凯瑟林、尤金、杜博、劳尤尔、多特、塞勒和劳帕特，全
都被"控以保卫'小山羊号'时懦弱胆怯的罪名"。大概
是因为这些人不是跳船逃跑，就是临阵投降。拿破仑亲
自下令将他们送上军事法庭，几乎可以肯定的是他们最
后都会被处以死刑。拿破仑重申了"懦夫将会被处决"
这一原则。同一天，他还称赞来自瑟尔省的加布里埃
尔－约瑟夫男爵（Gabriel-Joseph Baron）"在战斗中表现
出来的热情、勇敢和献身精神"；晋升"身负四伤"的
纪尧姆·斯蒂茨（Guillaume Steetz）；授予让·盖亚迪
（Jean Gaillardie）一枚"荣誉勋章"以示国家对他的感
激，这名中士身上不止"六处重伤，以最大的勇气进行
战斗"；还宣布向所有那些在战斗中因"英勇顽强捍卫

共和国旗帜的荣耀"而受伤的士兵多发一个月薪俸。

有这么多伤员、这么多勇士誓死捍卫三色旗，颜面也就保住了。但不可否认的是，"小山羊号"对于法国来说是一次具有重大象征意义的失败。法国人通常称之为 Angleterre（英格兰、英国）的那个岛屿，站在地理上的、意识形态上的对立面（对立于所有一切）。海峡另一端的那片土地，抗拒着成为陆地的一块土的诱惑。在拿破仑早期以科西嘉岛为中心的书写中，岛屿代表反抗暴政（主要是法国）的庇护所。但是，在从"亲岛"向"亲陆"的思想演进过程中，似乎现在所有的暴君都以那一个岛屿作为自己的庇护所了。英格兰被拿破仑视为大陆最主要的离岸威胁、埋伏在海水另一端的永远的外来者，是一艘不择手段的大海盗船，随时准备伏击没有任何防备的从事合法的、理想化事业的大陆人。不过，拿破仑认为单独一个岛屿不可能持久，它肯定会孤独难耐、焦躁不安："被整个欧洲抛弃，又公开与俄国开战，而俄国如今是我们最可靠的朋友之一，英国人发现自己被恐惧所包围。"(abandonné〔被弃者〕和 environné〔被困者〕，拿破仑曾经不自觉地用来形容自己，如今则再次被用来形容其他岛民。) 但是，正因为如此，它也可能变得很危险，它是一匹狼，伺机猛扑向所有安安静静吃草的小羊羔。从这个角度看，"小山羊号"就是国家这艘船的代表，它雄伟庄严（但也危机四伏）地驶向世界历史的地平线。它暂时离开了陆地这一片土。但它的主要目的（raison d'être）是为了保持法国与其海外前哨之间的信息畅通。

就在去年12月，拿破仑建立了定期的"邮船"系统，每隔十天一班，从土伦出发驶向埃及。鉴于"小羊羔"有可能面临的危险，他告诫土伦的海事长官不仅要把"最新消息"传给东方军团总司令，还要"把所有政府和他自己的公函都封入一个重要邮箱，在船只被敌人夺取之前抛入大海"。换句话说，英格兰显然妨碍了拿破仑的邮政系统。法国与埃及之间的航道，可能是最难防守的一条线路（拿破仑自己来回穿越地中海时幸运地没有迎头撞上"比尤利号"和"桃瑞丝号"）。那些重要邮箱，对于机智过人的海军上将纳尔逊来说充其量只是一个钝器而已。很有可能，"小羊羔"们根本就没有任何机会把这个造得像保险箱一样的箱子安全丢入海中。无论如何，对拿破仑的邮件来说，不管陆地还是海洋，保险箱都不再保险了。

1800年2月2日，拿破仑致信勒费弗尔（Lefeb-vre）将军，命令他围捕诺曼底地区一个小集镇圣戈比尔热(Sainte-Gauburge)的普通嫌疑犯。当然，理论上说，人人都是嫌疑犯。但在第一执政看来，某个党派（也

88

126

有可能不知道有多少个党派）犯下的罪行尤为十恶不赦：第九骑兵团的一名中尉途经圣戈比尔热时被害身亡。若不是因为一个很小但极其重要的细节，拿破仑或许还不至于大动干戈。此案的受害者是急件信使（porteur de dépêches），是军中邮差，负责传递往来于巴黎的公函。杀害信使，圣戈比尔热人犯了一个大错。第一执政予以更猛烈的报复。都是因为这名死去的邮差，约460人——其中骑兵60人——被调派来"解除当地居民武装"，逮捕"罪孽最深的人"，并在该地执行"更多的差事"，如"歼灭该地区的叛党余孽，解除那些别有用心的市镇的武装"。

西方的平叛斗争（从修辞和严酷性上看，反讽地与远征东方相呼应），是多管齐下、压制内外反对派的一个组成部分；拿破仑担任第一执政期间以及此后很长一段时间，对这个问题都非常重视。舒昂党人（Chouans）一般被视为保王派，至少也是反共和派（因此也是反拿破仑派）。但是，在拿破仑看来，他们不过是阻碍邮件传送的阴暗小人，与其说他们是反革命的保王派，还不如说他们是邮包小偷，是给邮差设陷阱、偷走毁坏他贵重货物的疯狗似的散兵游勇。当时，这一攻击不是一个孤立的事件，同样，报复也不是孤立的：

尊敬的国民大臣，请您为我准备一份可能推翻三名暗杀信使的刺客仅被处以六年监禁的报告，他们在南特（Nantes）被当场抓获。

这群四处劫掠的邮件窃贼（和信使杀手），是当时的头号公敌。

89　　反过来，所谓共和国的忠实仆人和忠诚卫士则是那些协助拿破仑收发信息的人。信使成为了法兰西帝国的无名英雄，是国家伸缩进退这场角力戏中被人遗忘的主角。1800 年 9 月 6 日，拿破仑命令他的海军和殖民地部长向"从埃及送来最新公函"的"奥西里斯号"船长支付一笔 15000 法郎的特殊津贴。有人或许会说这算不上什么大功劳，但至少从阿布基尔以来，统治这一海域的纳尔逊海军就臭名昭著，他们不仅拦截船舶还拦截邮件，从中搜寻那些让人尴尬难堪的信函，再迅速将它们翻译出版。最受人欢迎的内容，大多是关于拿破仑的颠覆性文字，或是与埃及有关的负面消息，如高温、疾病、性、死亡，等等。不过，拿破仑自己也对此不抱什么幻想："哦，让·雅克（卢梭），但愿他能看到这些他所谓的'自然人'（贝都因人）！他一定会为曾经崇拜他们而羞愧、恐惧得战栗不已。"英格兰，是那些拿破仑最焦急、最热情的读者的大本营。"奥西里斯号"船长智胜英国海军和伦敦出版商，将那些未遭拦截、未经阅读、完好无损的信件从地中海的那一端带回了这一端。

1799 年 12 月，拿破仑致信身在开罗的克莱贝尔将军。他不是不真诚，也不是故作诡词："我不敢再给您写信了，密码信也不行，因为巴黎和伦敦有人能破译一切。"他对解密高手的担忧是真的，但他更担忧那些密码黑客、文本恐怖主义者。拿破仑将法国人视为公开、坚决地为全球通信渠道而战的游侠骑士，骑士们的圣杯就是信息的自由通道；而英国，则是狗仔队（paparazzi）的天下，猥琐地跟踪那些最新的丑闻和轰动性内容。

拿破仑发动了一场持久战，与那些可能的邮件海盗斗智斗谋。1800 年 11 月 5 日，为了将一封信送至圣多明各(Santo Domingo，拿破仑认为此地仍属法国）黑人领袖杜桑－卢维杜尔（Toussaint Louverture）手上，他设下了一个圈套。携带此信的船舶应假装离港驶向法兰西岛 （Ile de France），甚至船长也应相信法兰西岛才是真正的目的地。出海之后，他打开自己的密函，"才发现给他的指示是前往圣多明各"，然后及时改变航线。"如果船上确实有乘客要去法兰西岛，这也不是什么问题；相反，一切都必须为远征的秘密而牺牲。"前往法兰西

90

岛的游客和商人，就是方便的掩护。佯攻、策略、骗局，这些都是常规动作。但因为战争，这场智力游戏最终还是流产了，或曰暂停了。交战就是搏斗，有时也会失去邮件（如"小山羊号"）。来来回回跨过海洋、连接宗主国与其殖民地，甚至连接法国国内此地与彼地以获取信息和物资给养（演员、舞女、有教育意义的期刊杂志），这一事业似乎界定了帝国的行为。

拿破仑还部署了另一个策略，一个不那么重的邮箱，一个超文本装置，在陆海传送书面文档时可以规避危险。这就是电报。拿破仑的想法很简单（这是不可能的）：无干扰传输。冲突纯粹是因为邮政系统的缺陷，电报是通讯次优选择的副产品。正如"小羊羔"们已经发现的那样，发送信息实际上是向"约翰牛"（英国佬）挥舞红旗。而电报，则有希望超越战争。1797 年的《大英百科全书》(*Encyclopedia Britannica*) 认为："彼此相距遥远的各国首府有可能通过一系列的函件（电报）团结起来，现在经年累月才能解决的争端有可能几个钟头就能宣告结束。"拿破仑分享了这一技术乌托邦主义。如果不能成为最大传输、零度干扰这一完美通讯系统的榜样，帝国就一无是处。

电报，"远程书写"，长久以来都只是一个神话、一种梦想。而在拿破仑时期，虽然仍处于萌芽阶段，却似乎已伸手可及。1774 年，勒萨热（Le Sage）在日内瓦就已设计了一种电子通讯系统，字母表上的每一个字母与单独的一条线路相连。直到 1830 年代，摩尔斯（Morse）更为实用的"电磁电报"才试验成功。夹在理论与实践之间，既然没有电子电报系统（今天互联网的原型），拿破仑就充分利用了克劳德·夏普（Claude Chappe）兄弟的发明。拿破仑发现自己的一大难题就是分身乏术。"为什么我就不能有像您那样的人同时出现在多个地方呢？"他在给开罗的克莱贝尔将军的信中这样写道，但这句话也是说给他自己听的（就像他的所有文字一样）。电报满足了他对即时性、遍在性的渴求。克劳德·夏普声称这一新发明浓缩了时间和空间，能够使政府"越过千山万水，也就是说，出现在（帝国的）尽头"。

拿破仑是出了名的急性子。他吃东西时狼吞虎咽，还对桌上同伴表示不满。（罗德雷劝他吃慢点，延长用餐时间，拿破仑批评说："这就是权力腐败的开始。"）他来去匆匆，不喜欢亲密关系（"Bonaparte est bon à rien"〔波拿巴一无是处〕）。速度（加上惊喜）是他军事策略的独特标志："士兵们！在两个星期内，你们赢得了 10 场胜利，夺取了 21 面军旗，55 门重炮，俘虏了 15000 人，另外还杀死、杀伤敌人 10000 人。"同样，他的信函也总是对时间绷得很紧，喜欢用副词 à l'instant（立即）、de suite（接下来），试图克服时间的限制。"我多次强调第一执政很不耐烦"，这句话在他一位秘书的一封信（这封信写给布雷斯特的海事长官，内容与偷懒的造船工人有关）中重复了千百遍，只有个别字眼稍有变化，"他命令您强制、追究、逮捕、监禁任何拖慢工作进度的人。"懒人和逃兵一样，都该被枪毙。拿破仑时期，整个工作效率大幅提高。但是，仍有局限。

邮件问题，就像布雷斯特造船一样，拿破仑觉得怎么都不够快。到目前为止，就算 courier extraordinaire（特别信使，很快也就变得普通了）络绎不绝，最快的通讯也快不过马上的骑手、顺风的船只。而电报则具体化了共时性的梦想。雾月政变这一需要第一时间简洁宣布的突发事件，只能采用电报这一形式："立法机构已指派执政府取代督政府。执政府由三名成员组成，分别是公民西耶士（Sieyes）、杜科（Roger Ducos）、拿破仑将军……巴黎安定。"拿破仑将军的政变，偏离了埃及时期对未来的乡愁，表达的是一种纯粹的现在观，一种浓墨重彩的新现实主义（很多历史学家也信以为真）：

我们就不要再探求那些可能会妨碍进步的历史模式了。没有哪一时期的历史像十八世纪末一样，十八世纪末也没有哪一个时刻像现在这样。

　　就像这里拿破仑回避历史一样，他还拒绝使用将来时态。他讨厌说（尤有甚者，他还着了魔似的翻查出版物挑剔其他人的说法）自己将要做什么，他想要现在就行动起来：

　　　　我在报纸上读到我写给母亲的一封信，信中我说"我将一个月内到达米兰"。这完全不是我的风格。我承认，我经常不说我已经知道些什么，但我也小心避免说将来会怎样。我希望您在《箴言报》(*Le Moniteur*) 上插入一个幽默的注释说明这一切。

　　出于同样原因，他也反感写信给将军们说"您，X将军，将要去做Y"，因为他知道，从某种程度上说，建立在具有预见性的强制命令之上的帝国，总带有不可预测的色彩：有可能X将军不会去做Y。所以，他试图将自己（和他人）严格地限制在现在时。克劳德·夏普则向拿破仑提出了一个新皇帝难以拒绝的报价：

　　　　陛下您的辽阔帝国必定会妨碍您治理您的诸多　　93
行省，妨碍您密切监督王公们的实力及其臣民们的安全和财富。您的众多子民彼此相距如此遥远，您不得不花费数月时间才能将您的指令传达下去，然后再花上数月时间才能确保他们贯彻执行。他们之间的距离如此遥远，就像彼此互不相干一样。好了，现在我要通过缩短时间来缩短空间；我要向您提供您每天与您的属国进行沟通的手段，就像他们住在隔壁一样。您下达命令、获取信息和意见，将会快捷得如同一切都发生在您的宫墙之内一样。

同样，法国也会免遭敌人偷袭：

在这一和平时期，如果国外那些狼狈为奸的暴君们胆敢来犯，从我们高喊"拿起武器来！"的那一天起，这一口号就会传遍每个角落，所有公民都会放下手上的事情拿起武器，千军万马平地而起，组成一道让敌人目瞪口呆的无法逾越的屏障。

像雷纳尔一样，克劳德·夏普原本也是神甫（abbé），或许是受到忏悔室或祈祷文的启发，他决定将自己奉献给传送非书面信息这一事业。他的第一个革命性的、但却笨拙不堪的信号系统，靠的是闹钟和平底锅弄出噪音和数字。他的第二个系统，是更为合理的光（或曰"空中")电报系统，由多座十四英尺高的高塔组成，塔上旋转着一些黑色臂杆（还有手杆）和滑轮，还配备有两个朝向相反的单筒望远镜。1791 年，巴黎首个实验性的tachygraphe（转速自记器，当时的名称）不是被摔坏，就是其杆轴在埃图瓦勒（Etoile）被人掀翻捣毁。第二年，装置再次被毁，这次是一个雅各宾暴徒，他认为夏普兄弟的四强组勾结保王党，正在向国王（软禁在杜伊勒里宫）发送密信，还说"空中书写这一奇技淫巧"是舒昂党人的发明。四兄弟之一说："这一新探究是实验者们面临多方面危险的根源。"雅各宾派"情绪激愤"，他们不仅纵火焚烧电报装置，还差一点把电报员扔进火里。"我的生命，"夏普写道，"在这一刻，受到威胁。"曾有人说巴别塔是电报技术的早期尝试，夏普的这些高塔，因其具有反共和的所有亵渎潜能，似乎也面临了同样的命运。

不过，国民公会却从夏普的 98 个潜在的信号符号中看到了将之应用于正义事业的可能性，故于 1793 年指派皮埃尔·多努领导一个委员会来评估这一装置。正是这个多努，历史学家，几年前在论幸福征文比赛中击败了拿破仑。就像拿破仑曾经预期的那样，里昂征文的确是多努通往名利——尤其是担负验证新的科学发明这一任务——的跳板。

1844 年，摩尔斯在华盛顿和巴尔的摩之间发送了第一条正式信息："上帝创造了何等奇迹！"在这类《圣经》修辞很不合时宜的 1793 年 6 月 12 日，夏普的电报装置仅用九分钟时间（一名狂热爱好者夸口说"几近光速"）就从圣法尔若（Saint-Fargeau）向二十英里外的圣马尔坦－迪泰尔特勒（Saint-Martin-du-Tertre）发送了第一条官方批准的信息："多努已抵达。宣布国民公会已授权其国家安全委员会蜡封议员文件。"夏普发送了一条元信息，尤其是一条与安全事务有关的信息的信息，这绝不是巧合。电报的整个关键，就在于它应消除被拦截、被谍探的风险。1794 年，巴黎至里尔（Lille）之间所架设的线路备受赞誉，因为距离战斗结束还不到一小时它就从前线将"从奥地利人手中重新夺回孔代（Condé）"的信息传回了巴黎，在国民公会中激发了"让人无法言表的兴奋之情"。小镇当即被重新命名为 Nord-Libre（自由北方）。到拿破仑独揽大权时，更多的线路架设起来，一条连接巴黎与东部的斯特拉斯堡，一条连接西部的布雷斯特，北部的里尔线路则一直延伸至敦刻尔克（1798 年）。

在拿破仑看来，这还远远不够。"自由北方"必须坚定不移地继续向外扩展，四面八方都应如法炮制。南方，地中海阻挡了他的函件；北方，则有英吉利海峡。

或许，电报能跃过这些障碍。拿破仑将夏普的薪酬增加至一万法郎。相应地，他要求今后所有的电报信息都须经他之手，甚至包括天气预报和每周奖券得主：

> 公民夏普，电报工程师（1794 年以来的正式头衔），未经第一执政签署命令不得以任何借口擅自发送电报，不管其内容看似多么无关紧要。

从今以后，杜伊勒里宫（尤其是杜伊勒里宫的屋顶）——拿破仑曾眼见瑞士近卫队在这里被碎尸万段——将会成为牢不可破的电报网络中心。

为了将英格兰纳入自己的光学系统，拿破仑又开始架设一条连接巴黎和布伦（Boulogne）的线路。布伦是法国海岸线上与那个流氓岛屿面对面距离最近的城市。他还委托夏普的兄弟亚伯拉罕（Abraham）设计一种更先进的（塔高三十英尺）、能够跨越英吉利海峡的信号系统(为了跨越地中海，他可能也想过搭建三百英尺的高塔、配以超级高倍望远镜的问题)。与此同时，他还对潜入纳尔逊舰队水下的潜艇计划兴趣浓厚。但在他看来，用不着下水、且直接越过整天泡在水里的英国人头顶的空中信息具有无与伦比的优越性。这一新装置从贝尔维尔（Belleville）向圣马尔坦迪泰尔特勒发

送信息（信息内容可能会是"拿破仑已抵达"）的试验
获得成功，两地间的距离与英吉利海峡相同，只是没有
风浪而已。大规模入侵的准备工作已经完成。现在，挡
在拿破仑路上的只有二十多英里的水路（和数千英国水
军神风队）了。

96　　　　但是，英国人，典型的海盗，也拦截、偷窃了夏普
的理论，在 1795 年建造了一批将伦敦与南部海岸各个
港口连接起来的电报站以相抗衡，这些高塔无疑也都虎
视眈眈地盯着海峡这一边的法国。拿破仑很快就意识到
所有大国都将拥有他们自己的电报。所以，打造一个更
大的、无所不包、无远弗届的无限网络迫在眉睫，所有
岛屿终将融为一个无边无际的电报大陆。越过高山比越
过海洋容易，1805 年，与自己早年的南方经历相呼应，
拿破仑建造了第一条越过阿尔卑斯山直达意大利的线
路，将巴黎和第戎、里昂、米兰、都灵连接起来，威尼
斯也于 1810 年连通。随着电报的发明和普及，还有运
动量的大幅度减少，拿破仑也从厌食症小孩渐渐变成了
饕餮的成人。他越来越频繁地以 stationnaire（卫士）一
词来指这些电报网络卫士——无疑，它们不仅报酬极低
（甚至不用付报酬），还超负荷工作。

　　　　拿破仑讨厌失去联系。在他从布里恩、巴黎写给科
西嘉家人的信中，总是对无人写信给他而牢骚满腹：

"每个人都抛弃了我，没人给我写信。我总是独自一人，恐惧和不幸如影随形。就连你也不写信给我。"（这封信是写给哥哥约瑟夫的）同样，很久以后的1800年1月18日，他给身在卡昂（Caen）追捕"强盗"、散播恐惧和死亡的加尔达纳（Gardanne）将军写信说道："您走了已经八天了，至今我还没有获悉您的任何消息……难道您要做唯一一个不带给我任何消息的人吗？难道您真的没有什么消息可报告给我的吗？"回复也总是不够快："尽快给我答复，立即回信，让我知道您的想法。""等等，等等邮差先生，"就像苦苦等待下一封情书一样，拿破仑简直可以和披头士一起唱这首歌了，"你看一看，有没有我的信？"通讯中的任何故障都有可能是致命的。最好的军队则是配备最佳邮政服务设施的军队。所以，在生死攸关的对俄战争中，为了避免灾难发生，拿破仑征召亚伯拉罕·夏普携带一组能够跨越广袤大草原的移动电报塔入伍。不过，这些电报塔却毁于湍急的别列津纳河（Beresina）。如果它们能够出现在滑铁卢的话，结局（通讯故障的结果）可能就大不一样。有先见之明的拿破仑早就意识到：通讯失灵，帝国不存。

　　不过，英国人（德国人、俄国人等等）并不是唯一的干扰源。大概在拿破仑看来，法国人往往才是他们自己的头号敌人。在1815年来到圣赫勒拿岛之前，他虽然搁置了撰写小说、历史的计划，但仍是执政府和第一帝国期间最为高产的作家。严格说来，从他开始踱来踱去、外出讲演，有秘书团队记录、编码他的言论，或将这些言论交给夏普发成电报以来，他就已经是一名独裁者了。他的策略并不复杂，不过是单纯以数量压倒对手罢了。

旧文本已死，不复存在："那些谈论宪法的人都清楚知道，宪法不断被违反，它的每一页都被撕成了碎片，宪法已不复存在。"拿破仑将是这个时代的总作者(total author)：所有信息都须经他之手。从某种程度上说，他达到了目的，因为他是其它所有话语的收件人（或隐或显）和邮件主题。由于其它文体都渐渐融入书信体，十多年来的所有整个法语（和其它语言，主要是英语）文本，都是寄给拿破仑的明信片。1801 年年中，第一执政在写给自己的私人图书馆馆长里坡特（Ripault）的信中要求他立即分析所有戏剧作品（报纸也一样，包括广告、海报，甚至还有歌曲和布道辞），留意其中的秘密信息并及时报告："至少要在戏剧首演的四十八小时内着手进行分析。"在埃及时，拿破仑曾称自己能神秘地"无所不知"。回到巴黎后，他也要将这一秘传法术付诸实践。

98　　夏多布里昂和斯达尔夫人是他最固执的两个通信

者，他们合力将作家再造为抵抗运动的英勇领袖。他们二人是当时的解放神学家。他们的故事，就是拿破仑与作家交战的故事。不出所料，执政府和第一帝国期间，在拿破仑的授意下，斯达尔夫人大部分时间都被关押在夏朗德（Charenton）。斯达尔夫人最著名的故事，是1810年萨瓦里（Savary）将军率部走遍巴黎的所有书店，将她的新作《论德国》（De L'allemagne）全部收缴销毁。一部文学批评著作遭到全面的军事镇压，或许还是头一次（如果不是最后一次的话）。斯达尔的论著被控以拦截邮件、干扰帝国网络信息传输的罪行。与舒昂党人、英国海盗一样，她也是拦截者（《论德国》一书最终于1813年在伦敦出版，1814年威灵顿进入巴黎时将会引用此书），所以也要受到同样的处罚。流亡十年（dix ans d'exil，这也是她自传的标题）是对她最低限度的报复。死于拿破仑之手的夏多布里昂，则屡屡以替代、象征、大量使用条件时态作为自己的报复。"如果他痛痛快快地给我一枪，我也会不太悲伤地杀了他。"但无论是斯达尔夫人还是夏多布里昂，他们与拿破仑的关系与其说是一次简单的反叛，还不如说是一段爱情，只是我们更记得他们分手时的情形罢了。激烈的相互指责，虽然丰富了、却也妨碍了我们对其欢好初期的理解。

　　贝多芬撕掉了《英雄交响曲》的扉页献辞，夏多布里昂则是文学界的贝多芬，他对拿破仑的评价也由好转坏。夏多布里昂是最早认可拿破仑文学才华的人之一。"拿破仑在摇篮中就发现了小说，"夏多布里昂在《墓中回忆录》(*Mémoires d'outre-tombe*) 中写道，"1784 年到1793 年间展现了拿破仑的文学事业，这是一个短暂但却极为多产的时期。"他敏锐地注意到拿破仑身上的知识分子倾向，"在他崭露头角之前，（他的）思想就已存于世上。"夏多布里昂将拿破仑描绘成一个备受折磨的诗人形象，这也是他自己愿意认同的形象（"这些早熟作品的视野，让我想起自己那些混乱的年少之作"）。如果拿破仑在首次成功地将英国人炮轰出土伦之后仍能坚持自己的最初计划、远离国家事务的话，"我会有一位强大的同志，流亡时蜷缩在我身边的一个巨人。"

1802 年 4 月或 5 月下旬，他们在巴黎吕西安·波拿巴 (Lucien Bonaparte) 举办的晚会上首次相遇。夏多布里昂（据夏多布里昂说）沉默寡言，缩在周围人身后；但一听到拿破仑招呼"夏多布里昂先生"，旁边人便纷纷后退，很快就形成了一个圆圈围着他们两个人，就像围绕两个拳击手一样。那是他们的首次交谈，但拿破仑表现得就像是熟识多年的老朋友一样。"波拿巴跟我说话很随便，没有恭维，没有空洞的问题，而是开门见山，直接与我谈起埃及和阿拉伯，好像我是他的亲信，他不过是在

99

继续一次我们早已开始的谈话罢了。"在拿破仑看来，一切再自然不过了，夏多布里昂不是还没有为他写过一篇类似于《基督教真谛》（*Génie du christianisme*）那样洋洋洒洒的长文以支持他与罗马恢复邦交吗？拿破仑的继女霍顿斯（Hortense，后又嫁给路易士成为他的弟妹）和他兴趣相投，1802 年《基督教真谛》初刊时曾给他朗读过此书。当夏多布里昂这一以神秘的名义反对启蒙的宣言再版时，似乎证实了拿破仑的推测，因为扉页致辞明明白白地写作"Au premier Consul Bonaparter"（致第一执政波拿巴）。

没过多久，1803 年 5 月 4 日，拿破仑任命夏多布里昂担任驻罗马大使红衣主教费什（Fesch，拿破仑的舅舅）的一等秘书。夏多布里昂不以为然并拒绝任命（据他的回忆），但最后还是被说服接受这一职位（仅仅是出于利他精神）。无论如何，他相信拿破仑为他的文字所折服。其实，这恐怕也与夏多布里昂对拿破仑使用呼语法（此外还有其他党派的支持声援）不无关系："人 <sup>100</sup> 们不能不从您的命运中看到上帝之手从一开始起就选中您去实现他的非凡目的。"虽然夏多布里昂并没有直接说拿破仑就是上帝，或上帝的得力助手，但意思差不多，我们也可以这么解读。拿破仑说自己还从来没有被人这么盛赞过。

费什从罗马发回巴黎几封"恶毒的信函",称夏多布里昂是保王派的同情者。但直到 1804 年 3 月波旁分子昂基安公爵(Duc d'Enghien)被处决,夏多布里昂和拿破仑才开始分道扬镳。拿破仑的搜捕别动队在德国逮捕了昂基安,将他押回法国关在万塞讷(Vincennes)审讯,最后被军事法庭判定有罪并执行枪决。在夏多布里昂看来,这是拿破仑的原罪,是从"英雄"到"刽子手"的变形。但是,昂基安的命运也造就了夏多布里昂,他承认如果不是拿破仑处决了昂基安,"我的文学生涯也就结束了"。昂基安使夏多布里昂实现了自己的死亡意愿。从昂基安的结局中,夏多布里昂还看到拿破仑对着自己开了一枪,只不过子弹射偏了。那个死去的贵族是这个逃亡作家的寓言和另一个自我,而他也的确位列拿破仑的黑名单之首。所以,夏多布里昂也有了一个目的:写出一份旷日持久的 J'accuse(我控诉)。

夏多布里昂不满的症结一目了然。这一伪司法处决,其整个过程都以典型的拿破仑方式操之过急,绑架、审讯、判决、枪决,一切都发生得太快了。速度太快,暗箱操作,这是愚昧无知的标志。既没有再三考虑的余地,昂基安也没有机会亲自向拿破仑申诉。夏多布里昂注意到拿破仑在下令执行的判决中使用了副词 de suite(接下来)。昂基安被形容为一个速度的受难者,他就像一封电报一样，被军事化地"派发"了。

有一则相关轶事，不知是真是假，但却是由夏多布里昂提供的，他认为这是整个事件的典型代表。3 月 21 日夜间，警察部的国务委员皮埃尔·弗朗索瓦·雷亚尔（Pierre François Réal）接到拿破仑继续审讯犯人的命令前往万塞讷，却在巴黎城外的检查站迎面碰见了进城的萨瓦里将军，这才知道昂基安不仅受到审讯，还已经被定罪处决了。也就是说，拿破仑办公室很有可能还有另一套命令发布机制，早在雷亚尔之前就已发出了更快、更狠的指令。

夏多布里昂谴责缺乏书面命令，一句话，让他出离愤怒的是拿破仑主导的超文本的电报文化。拿破仑绕过古典文本走捷径，神秘地通过空气传输命令，飞快地将马上信使抛在身后。"我们要警惕，"他说，"不能陷入技术的无人性之中，这会削弱仇恨，而恶本应激发我们才是。"在夏多布里昂心中，通讯速度将人简化为机器，使人物化或机器人化。他认为，如果雷亚尔身在审讯现场的话，公爵的命运也许就会大不一样。"这些是只能写在包罗万有的书中的秘密。"而拿破仑，错就错在他已经遗忘背叛了神圣的文本，遗忘背叛了最初曾指引过他的真理之书。

在圣赫勒拿岛，几乎与外界隔绝、肯定也没有夏普兄弟装置的拿破仑，有时似乎也同意夏多布里昂对电报城(telegraphicity)的批评，对自己被隔绝在现实之外变成一个虚拟的人而深感担忧。拉斯卡斯从南大西洋深处报告说："单独和我在一起的时候，皇帝承认，固有缺陷（整个昂基安事件）应归咎于他被过度的热情所包围……他说那是他迫于压力的突然之举，也就是说，是其他人期待他的决定，仓促推动他采取行动、推断出结论。"

甚至就昂基安事件而言，拿破仑也还是觉得只是因为缺乏所有必要信息，因为通讯系统的故障才导致了"错误"，"如果我能即时获悉某些具体细节的话"，昂基安可能就会被赦免。所以，拿破仑的辩词是，不是因为他太快，而是因为其他所有人都太慢，没有完整传递关键信息（例如，他坚持认为，他是在处决之后才看到昂基安的"信函"，才知道他想与他单独会面的请求），是信息传达得太慢而不是太快。

一直等到波旁王朝复辟巴黎，夏多布里昂才在《论波拿巴和波旁王室》(*De Buonaparté et des Bourbons*) 中发表他对拿破仑、对拿破仑所有作品的最严厉的抨击（当拿破仑出其不意地逃出厄尔巴岛重返巴黎时，夏多布里昂又再次逃离巴黎）。他声称路易十八曾对自己说这个小册子抵得过十万大军。但奇怪的是，夏多布里昂的批评核心，既不是战略性的，甚至也不是政治性的，只有最普通的字眼。在这部作品中，夏多布里昂回到拿破仑背叛文学这一话题。他批评皇帝的语言能力不牢固，尤其是法语。他没有接受过足够的拉丁语、希腊语教育，自然也就没有领导这个国家的资格。他还"滥用语言，偏好通俗文学，对报章杂志充满激情"。一句话，他是电报文化的产物和化身，是反文本的，夏多布里昂自己则是他的对立面，是手稿文本的捍卫者和使徒。

但是，夏多布里昂与拿破仑之间互利互惠的亲密关系从未彻底切断过。1811 年，拿破仑支持夏多布里昂当选学院院士。而夏多布里昂的《从巴黎到耶路撒冷纪行》(*Itinéraire de Paris à Jerusalem*)，不过是拿破仑思想主题的概括再现罢了。 在《墓中回忆录》中，夏多布里昂说自己在昂基安事件后宣布辞职，因为"敢于抛弃拿破仑，我就将自己摆在了与他平起平坐的位置上"。关于东方，他的说法则是以自我为中心的歪曲。早在十八世纪末拿破仑就已出了埃及，并且再也没有回去过；夏多布里昂直到 1806 年才开始他的东方之旅，相关记述直到 1811 年才面世。他认为从长远来看"拿破仑走的是我曾经走过的路线"，这就歪曲了时态和时间。不过，说拿破仑沿着夏多布里昂的足迹，这种反转，也不完全是像第一眼看上去那样狂妄的自我宣传。

昂基安死后，虽然夏多布里昂不再支持拿破仑，拿破仑却是帝国逻辑的源头（诸多源头之一）。卢梭《社会契约论》中标志性的"立法者"，是自由、自足的共同意志(General will)的代言人，显然是拿破仑政治风格的模板。这也促使夏多布里昂将"作者"奉若神明。在《基督教真谛》中，他提出一种巧妙理论来解决化石问题。近年来发现的古生物学证据，似乎意味着某些古代遗迹与《创世记》不相吻合。所以，夏多布里昂，超级创世论者，开始诉诸"原始老化"(vieillesse originaire)论，这一理论认为"上帝创造了、确切无疑地创造了我们今天所见的这个布满了所有荒废、互补痕记的世界"。上帝留下化石，是为了让这个世界看起来比它的实际年龄更老，所以上帝还创造了遍布暗礁的海洋、一出场就已三十多岁的第一个人、在巢中的母鸟和雏鸟。一句话，这是一个成熟的、已充分进化的宇宙，纯真、堕落还有最后的毁灭，早已按部就班。喜欢毁灭（废墟、遗迹）的夏多布里昂，无法想象一个在其体面的设计中没有毁灭（废墟、遗迹）的宇宙。

夏多布里昂的"自然作者"(auteur de la nature)是拿破仑的先导，他最早、最典型地界定了电报效应的即时性。上帝是第一个电报员，当然，诠释他的信息得花点时间。夏多布里昂的神明，也是第一个总作者，他什么都不会遗漏，掌控一切，什么都不能改变，人类也不能任意拦截。从一开始起，这里的所有一切便已存在，不增不减。所以，在言与物、命令与执行之间，也不存在抵抗或冲突。夏多布里昂承认他的形而上学是一个政治寓言，但他却声称自己在谈论上帝时心中所想的是等待复辟的路易十八而不是拿破仑。

就算拿破仑借鉴了夏多布里昂，夏多布里昂肯定
也直接剽窃了拿破仑。他的《从巴黎到耶路撒冷纪行》和斯达尔夫人的《流亡十年》二书中的解放神学修辞，都出自早期的拿破仑（拿破仑又取自雷纳尔、卢梭）。摆脱拿破仑的强烈要求，不过是拿破仑解放姿态的一种换位："意大利人民！法国军队前来砸碎你们的枷锁。法国人是所有人的朋友。我们只反对那些奴役你们的暴君。"

夏多布里昂将自己视为文坛拿破仑，拿破仑则将自己视为擅长政治艺术的夏多布里昂。夏多布里昂自我神秘化，他的自我超级膨胀，姿态浮夸，尊敬他几乎义不容辞。他把哲学家们所质疑的上帝带了回来，但又将这个上帝改造为作者形象。拿破仑则借用这一形象来填补法国大革命的真空。保王派千方百计想要拦截拿破仑的邮件，密谋策划作者之死。1804 年，拿破仑从第一执政变为皇帝，不亚于使自己跻身于不朽行列。只有无法超

越的作者才能与皇帝相媲美，也只有夏多布里昂才能写出"就算拿破仑和国王断绝了关系，他和我之间的恩怨也还未了结"这样的话来。《基督教真谛》是第一帝国的蓝图。夏多布里昂的强大作者观，在信号系统的中心标出了一个奇点，奇迹般地吻合夏普对于能够浓缩时间和空间的作者力量的思考："从某种意义上说，电报……将庞大的人口浓缩为一个点。"难怪拿破仑会对"无所事事的国王"（roi fainéant）——roi de théâtre（做戏的国王）——这一旧观念如此不屑一顾，他们只会"在其他人的作品上签署自己的名字，自己却什么都不做"。

王政复辟不仅将拿破仑发配到外面的圣赫勒拿岛这一黑暗之所，还迅速关停了革命者、弑君者、科西嘉人的电报系统。最初，夏多布里昂支持波旁王朝，因为相较于过分迅速、过分具有创造力的拿破仑（"一个非凡的冒险家，马不停蹄地生出新计划，梦想新律令，只有在不辞劳苦地朝令夕改时，他才会觉得一切俱在掌握之中"）而言，波旁王朝迟缓、笨拙、守旧、没有想象力（"亲王脑中只有两三个平凡但有用的想法"）。所以一点儿也不意外的是，复辟时期，随着时间的推移，像很多人、尤其是司汤达一样，夏多布里昂开始怀念起拿破仑的黄金时代来，科西嘉的食人魔（ogre de Corse）又再次变成了巨人（géant），曾单枪匹马差点将他打败的作家开始觉

*150*

得后悔了。

1829 年夏多布里昂再次担任驻罗马教廷大使期间（这次是在查理十世麾下），教皇利奥十二世已病入膏肓，饱受折磨。夏多布里昂决定要在第一时间将他的死讯传回巴黎。他在梵蒂冈安排了一个人，于 2 月 9 日、10 日守在濒死的教皇身边，就像随时准备带走教皇不朽灵魂的天使一样。10 日凌晨，几乎就在教皇咽气的那一刻，他就已经妥善安排好了发送信息的问题（有可能，在这之前，"avant la mort du pape"〔教皇去世之前〕，他就已备好了马匹）。但是，让他懊恼的是，梵蒂冈全城布满路障，驿骑无法通行。更令人沮丧的是，他被迫等到晚上才真正将消息传送出去。又过了四天，他的急件才到达里昂。从这里到巴黎，电报只需几个小时。

在身为修正主义者时期，夏多布里昂终于改变观念，意识到速度的好处，还对失去从阿尔卑斯山直通意大利的线路感到遗憾不已。"被迫在罗马等待，这里已经变成了一座加了栓上了锁的监狱，我还是希望消息能以电报的方式传给您，赶在阿尔卑斯山那边的其它政府知道此事之前。"正是在这一时期，他强调上帝和电报之间并不是水火不容，基督教也是亲速度派。"那些声称基督教鼓励压制、妨碍进步的不敬之辞都是白费

106

心机……科学，在古代多年停滞不前，如今则在使徒革新精神的推动下突飞猛进……基督教与文明一同成长，与时俱进。"与拿破仑一样，夏多布里昂的所有书写也都聚焦于文本、技术和神学的宏大综合。

夏普兄弟早期实验中互发的信息之一（1791 年 3 月 2 日发自卢浮宫主楼穹顶），内容如下："一旦成功，你很快就会满载荣誉。"这种拿破仑式的自信也不是完全没有道理。1844 年，在被电子电报超越之前，夏普的信号网络已经覆盖了四千多公里，共有骄人的 556 个信号站，29 个城市与巴黎相连通。夏普的电报塔出现在阿尔及利亚、埃及，1855 年塞瓦斯托波尔（Sebastopol）胜利后还出现在了克里米亚半岛。从某种意义上说，拿破仑的愿景实现了，虽然并不是所有的信息都经过了皇帝的办公室。

十九世纪，作家们试图包揽英勇抵抗之功。但事实真相正如夏普兄弟中的大哥所言，在追求完美的电报线路的过程中也同样充满了危险：

> 在这一前所未知的领域里，在克服各种各样难以想见的障碍时，我们不知花费了多少心血，洒下了多少汗水和泪水，承受了多少害怕失败的恐惧。在那些日子里，死神一直笼罩在我们头顶。

实际上，电报员更英勇，因为就像被他们所取代的邮递员一样，他们真的会在行使职责时丢掉性命，而不仅仅只是幻想牺牲而已。

就像拿破仑一样，克劳德·夏普总觉得自己的成就还有所不足、不够稳定。他的命运，可视为拿破仑自己命运的一封预言电报。夏普知道现有的系统"尚不完善"。反讽的是，鉴于速度是其卖点，夏普兄弟总感觉自己在被迫向前冲刺，"仓促行事妨碍了我们赋予电报线路其本有可能达到的完美"。而且，就像所有帝国一样，它也受到竞争对手的冲击。其他发明家声称自己拥有优先权，他们在明目张胆地模仿、剽窃夏普兄弟的发明的同时，还指控说夏普兄弟模仿、抄袭、偷窃。

超负荷工作、资金不足、被人称为小偷的同时又被人抢劫，这些压力开始影响克劳德·夏普。这位不幸的发明家成为"大脑过度兴奋"的牺牲品，他的传记作家说，他的大脑极易受到刺激。"他的性格变得暴躁易怒，还出现了癔症症状，这种疾病是那些伟大的但却身心疲惫的智者所特有的。"深受妄想性焦虑症困扰的夏普，担心那些诽谤中伤会偷偷被人用电报发送出去。在里昂改进其与巴黎之间的通讯线路时，他还被人下毒，也有可能是他觉得有人向他下毒。总之，他立即返回巴黎，被"压倒性的忧郁症"击倒。他已经清楚知道，无论是拿破仑的战争还是他自己的战斗，电报，甚至最优化的通讯，都无法送出带来和平这一神圣诺言。自杀的念头开始涌上心头，就像拿破仑也曾想过自杀一样。但是，他不能不留下一条信息就结束生命。鉴于他已经超越了文本，更愿意在空中书写，所以，为了给自己的深度抑郁、为了给抑郁的诱因留下一个毫不含糊的光学信号，1805年1月23日，他纵身跳入巴黎电报署（即维勒鲁瓦官邸〔Hôtel Villeroy〕）外的一口井中。他死后，兄弟亚伯拉罕说他是"对科学、对祖国的热情的牺牲者"。

在夏普的坟头，一座电报塔取代了墓碑。那些转动的臂杆被永远固定下来，以示"安息"。

# 第五章　第三者

　　那是 1808 年。秋天。确切地说是 10 月初，冬天（拿破仑半开玩笑地称之为"冬将军"）正集结在地平线上。拿破仑已经取得了尸横遍野的奥斯德立兹（Auster-litz）、耶拿（Jena）战场的胜利（埃劳〔Eylau〕战场嘛，胜负难言），西班牙的羞辱才刚刚开始，俄国的灾难也在酝酿之中。拿破仑在埃尔福特（Erfurt，过去属于图林根，如今名义上是法国的一部分）与他最喜欢的演员塔尔玛（Talma）待在一起，身边还有法兰西喜剧院的其他几个人。以欧洲所有边境线上的隆隆炮声换来的这次停战，虽然为时甚短，却也足够让人好奇地问道：拿破仑在这里干什么？官方的回答很简单：参加又一个欧洲和平会议（然后部署攻打英格兰的下一个计划）。伏尔泰《穆罕默德》一剧演出期间，拿破仑还上演了一出感情戏以印证官方说法，他说："除了征服者和英雄的称号外，他还希望加上和平使者这一称号。"

在拿破仑与沙皇亚历山大举行谈判的同时，他的前外交部长塔列朗（如今从皇帝而改称外交大臣）却背地里拆开他努力缝合的每一笔交易。舞会、音乐会、展览会、宴会，法国文化全方位地冲击着聚集在此地的国王、大公、亲王们。关于舞会，拿破仑在写给约瑟芬的信中说道："亚历山大皇帝跳舞了，但我没有。毕竟，四十岁就是四十岁了。"还上演了高乃依、拉辛、伏尔泰的剧作（拿破仑认为德国人不会欣赏莫里哀），参观了历史遗址（拿破仑陪同亚历山大参观了耶拿战场，现场讲解自己最优胜的战略部署）。这些都是强权政治的典型演练。

不过，鉴于其扩张主义政策的逻辑，拿破仑现身埃尔福特，除了与当下形势有关外，关于他在这里干什么这一问题，还有其它一些意味深长的答案。首先是唯心论者的答案，答案来自与他同时代的历史哲学家黑格尔；其次是解剖学上的答案，答案来自拿破仑的病理学家安东马尔基（Antommarchi），他也许还为拿破仑做过阉割手术。此外，还有第三个答案，涉及第三者。

拿破仑自己总说奥斯德立兹和耶拿是他最好的时光，也是他最坚若磐石的成就："在我的事业中，人们肯定会吹毛求疵。但是，阿尔科拉（Arcola）、里沃利（Rivoli）、金字塔、马伦戈（Marengo）、奥斯德立兹、耶拿、弗里德兰（Friedland），这些都是花岗石，完全不受嫉妒之齿的影响。"至少，黑格尔是愿意赞同他的。黑格尔（生于 1770 年）几乎是拿破仑的同龄人，他欢迎法国大革命，也欢迎拿破仑。在撰写《精神现象学》时，他像着了魔似的怀着绝望的紧迫感，终于在 1806 年 10 月拿破仑耶拿大捷前夕完成写作（此书之混乱，世所公认）。耶拿是欧洲最古老的大学城之一，是德国浪漫主义运动的中心，黑格尔也是这里的一位教授。书和战争，不仅同时发生，还相互支持，联手构成了历史乐观主义高扬的一个瞬间。似乎对于黑格尔而言，拿破仑是派出军队前来包围他、包围学院、包围旧帝国的糟粕的。黑格尔曾对谢林写道："此书写作完成于耶拿战役前夜。"黑格尔的评注者贝利（Baillie）添加了一条注释，对此表示怀疑："这听起来有些夸张做作。人们自然会问拿破仑的隆隆炮声与'绝对'（Absolute）的哲学论述之间有什么关系。绝对，还有他对绝对的阐释，完全可以等到俗世的烟云散尽之后。"贝利认为，黑格尔急于完成此书主要是与"无情的出版商"有关，而不是因为"战争的轰鸣不绝于耳"。

　　但事实是黑格尔和拿破仑之间的确存在关联，犹如双生，至少黑格尔自己是这么看的。不仅《精神现象学》于 1806 年在耶拿完成，还有另一个奇怪的巧合，

110

即世界历史也在此时此地完成。当然，在黑格尔看来，世上并无巧合之事，所有一切都是"绝对"展开绽放的一部分，所有一切——尤其是隆隆炮声——都与"绝对"的必然向前发展息息相关。是"绝对精神的自我实现"而不是模糊无形，在拿破仑绘制的全球行程中找到了经验实证。尤有甚者，《精神现象学》读起来更像是一篇对于帝国成长的评论，细微差别只在于黑格尔的辩证发展更侧重于具体化的德国。黑格尔将普鲁士和神圣罗马帝国的失败看成是为现代共和制的确立巩固铺平了道路。所以，他歌颂拿破仑的胜利，称赞他是"世界历史的个体"："这个为混乱的法兰西带来秩序的非凡之人拥有伟大的灵魂，不应只把他高标为一个国家的恩人，而应把他高标为全人类的恩人。"

伯特兰·罗素说黑格尔的整个哲学"只是精神和心理活动"，这肯定是过分简单化了，可能他自己的作品才是自伯克利主教（Bishop Berkeley）以来最形而上的作品。黑格尔显然对拿破仑的到来欢欣鼓舞，认为这本质上是一次知识运动，而且还是最后一次知识运动：摒弃旧的思想观念，破除陈旧过时的哲学模式，恢复学院活力，开启一个真理的时代。整个人类历史就是"观念"的复杂运动，所有的矛盾冲突都可在完美综合中得到解决，而拿破仑就是这一"观念"的人格化。黑格尔的另一位评注者曾说："现象学的目的就是要表明什么都不会被遗漏忽略。"所以，我们也可以说，拿破仑绝不会遗漏任何人，没有任何事物能置身于他的历史架构之外。这也解释了何以黑格尔如此满怀热情："皇帝， 111这个世界精神，骑马巡视全城。……当我看见这样的一个人时，真有一种奇妙的感觉……（他）骑在马背上，要到达全世界、统治全世界。"

拿破仑自己，似乎也曾多次明确与黑格尔的思想有所共鸣。在对拉斯卡斯谈及自己的整个雄心壮志时，他这样说道：

> 或许，再没有比建立和巩固一个理性的帝国、最后让全人类乐享其成更伟大更崇高的了！如果不能实现和满足这一雄心壮志，历史学家将不得不遗憾不已……简而言之，这就是我的历史。

不过，与黑格尔截然不同的是，拿破仑承认他的普世抱负从未完全实现过。而且，拿破仑来埃尔福特也没有与黑格尔会面，这是一个不争的事实。就我们所知，他无视黑格尔的存在。他之所以出现在埃尔福特，如第二个答案——解剖学上的答案、性论者的答案——所言，他在这里是为了见一个女人。

1821 年拿破仑死于圣赫勒拿岛，1840 年他的遗骸以无尚荣耀迁葬巴黎荣军院（Les Invalides）。棺椁为六层套棺，安放在一个巨大的基座上，遗骸放在套棺最里层。但是，他身体还有一小部分泡在纽约的一个福尔马林试管中。这就是他的阴茎。几乎可以肯定的是，安东马尔基——照顾拿破仑的外科医生，也主持了拿破仑的尸检——应为这一即兴的阉割手术负责，只是我们还不太能确定他的动机。有人说他只是以拿破仑的狂躁症为由收集纪念品，还有人说这是出于对那些所谓拿破仑没有男子气概的贬损之辞的报复。从某种意义上说，安东马尔基只是在重演滑铁卢，因为实际上拿破仑已经在滑铁卢遭受了军事上的、政治上的阉割。当然，这位让人费解的病理学家也深受普遍的菲勒斯中心固恋的影响。(还有人认为是英国外科医生阿诺特〔Arnott〕取走了他身体的其它部位，表面上看是为了制止恋物癖收集。)

112　　权力和性相互勾结，强权引发性冲动，强烈的性冲动也生成对权力的欲望，这种看法在十九世纪初并不陌生。更确切地说，当时人们对此习以为常，拿破仑可能无意中也尽其推波助澜之能事。这一流行心理学——可以宽泛地称之为性论者的历史观——与帝国的神话浑然一体。法兰西帝国的建立以"传播"为前提，教化使命

160

是为了在那些愚昧的、尤其是君主制国家中传播启蒙和共和思想。实现这一目的的手段则是"受精",法兰西被建构为通过与外国女性交媾而传播自身的男性。当时争论的焦点在于,这是如法兰西所言的你情我愿的欢好呢,还是显而易见的强暴。

拿破仑的通往权力之路,始于一个联姻的隐喻。他是为法国注入新基因的外来者。一方面,他声称要成为这个重生国家之父;另一方面,他又是结束法国大革命和大恐怖阵痛的助产士。基于同样原因,他被政敌排斥,被视为不受欢迎的、强行夺走法国童贞的入侵者。登上皇帝宝座后,拿破仑本人也变得沉迷于父亲角色,沉迷于建立一个王朝、在每个欧洲国家首府安插自己的亲戚。文化传播和重生的这一叙事,经由维克多·雨果和拿破仑三世等人,贯穿了整个十九世纪。

但是,这里还有一个更大的历史情结在发挥作用,我们可以称之为"拿破仑的阴茎妒羡"。他的阴茎不断易手,从南大西洋到欧洲再到美国(通过佳士得拍卖行)的这段行程,也是性论者观点扩散过程的镜照:历史从根本上说是受阴茎驱动的,拿破仑不过是遵循他的生物学指令,尽可能广泛地散播他的基因种子而已。拿破仑是历史的强人。在菲勒斯中心想象中,他的阴茎被视为他身体最强壮的一部分,是他的缩影,就像居维叶

的踵骨一样，是整个实体的一部分，可以据此重建历史
本身。纽约的那个试管，包含了考古学。（反讽的是，
假冒者层出不穷。声称自己是拿破仑，这在疯人院中不
过是一个典型的缩影而已，其它阴茎也声称自己是拿破
仑的阴茎。只要在体外，他的阴茎就会不断出现、成倍
繁殖。）

　　在拿破仑的同时代人中，夏尔·傅立叶（Charles
Fourier）可谓最热情的性论者。这位空想家后来会受
到马克思、恩格斯的嘲笑，因为他过于乐观，还期待
来一场性革命。1803 年，傅立叶写了一封信，想要呈
送拿破仑（"大法官"），信中论及法国将来所应走的道
路，还概述了他所谓的"四种运动"理论。扎根于十七
世纪的科学，脱胎于十八世纪的理性主义，还借鉴了浪
漫主义的措辞，傅立叶把自己视为发现"情欲引力"的
牛顿。牛顿只不过是发现了万有引力法则而已，他则志
在阐明人类相互吸引的引力法则。物质、有机物、动
物、社会生物，宇宙万物都受到引力法则的支配；人类
受到某些事物、某些人的吸引，同样也是因为存在一种
引力形式，即欲望。"文明"（三十二种社会中的第十五
种）就建立在对这一自然情欲的错误压制之上。应立
即、系统、全方位地臣服于自然情欲。

　　在傅立叶的理想社会"法伦斯泰尔"（phalanstery）

## 113

中，所有欲望都会自动满足，这将会带来他所谓的和谐社会，或曰和谐时代。把著名的"蝶形激情"（butterfly passion）论考虑在内，傅立叶预言说压抑的婚姻制度将会被一个爱的新世界（nouveau monde amoureux）所取代，这个新世界存在无穷多的多元性关系、公开的性放纵，还有紧急情况下提供上门服务的性AA制。所有这一切，都是为了实现他所谓的"性的最低限度"。这是对黑格尔的反击，因为黑格尔曾说："所谓反人类，就是单纯的动物状态，不超出纯粹的感官领域，只通过感官状态才能与人沟通。"

司汤达称傅立叶是"极端梦想家"。傅立叶说和谐社会的所有海水都会变成柠檬水，这可不能增加他的可信度。可以肯定的是，并没有任何证据表明拿破仑读到过傅立叶的这封信（或许又是拦截的受害者，被当作战利品送往伦敦？），他甚至有可能不知道这个人的存在。尽管如此，相对于黑格尔的理想主义/唯心主义体系而言，傅立叶不仅提供了一个更为肉体的对应物，提出了一种"激进的幸福论"（radical eudemonism，罗兰·巴特的术语，一种关于幸福的系统理论），还让我们此后对拿破仑的所有看法都带上了浓重的傅立叶主义者的色彩。例如，尼采就深受这一概念的吸引，他觉得拿破仑在战争间隙也在不停地累积战果。我们也喜欢想象

114

拿破仑活在傅立叶的梦中，不断满足他的"蝶形激情"的每一次颤动。十九世纪末的拿破仑编年史家弗里德里克·马森在《拿破仑和女人们》（*Napoléon et les Femmes*）一书中将这一点说得明明白白："自然界将男性的本质功能附属于物种的延续，各种感官感受全都推动他、强迫他、征服他，他存在的一举一动更多都是从属性的。"

这是从性感高潮的角度切入人类历史，也将拿破仑对幸福的欲望升级为对永恒狂喜的追求。马森认为："我们想要知道拿破仑爱的能力是否也像他思想、行为的能力一样强大，结果证明他作为情人、作为丈夫与他作为战士、作为政治家一样令人震惊……他是非常棒的情人。"的确，在战争间隙，拿破仑致力于建构自己的法伦斯泰尔。在他的东方情结中，他将自己看成是被后宫妻妾左拥右簇的苏丹。当时人们争相统计他的情人，这份黑名单长得没完没了：意大利著名女歌唱家拉·格拉西尼（La Grassini）；埃及远征时的"埃及艳后"波琳·傅瑞（Pauline Fourès）；杜伊勒里宫的 ×××夫人，等等，直至饱食餍足。

英国海军无疑非常重视拿破仑的性能力问题，千方百计从中作梗。当纳尔逊不去击沉法国舰队的时候，他就试图去破坏拿破仑的风流韵事。英国人的想法与傅立叶主义者正相反，他们的策略是造成最大限度的挫败。

玛格丽特－波琳·贝莱尔（Marguerite-Pauline Bellisle，即傅瑞夫人）是随同法国军队和科学与艺术委员会前往埃及的少数女性之一。起初，她伪装成男人，但她的身体——据好色的马森说——"娇美可餐"。不过，她的丈夫傅瑞中尉挡在了拿破仑占有她的路上，所以总司令给他找了一项紧急任务去执行，要他把函件送往意大利和法国，为了催他上路还给了他一艘军舰"猎人号"，与此同时又把他的夫人安置在自己寝宫附近的一所房子里。但是，英国人，多亏了埃及高效的情报网络，风闻了拿破仑的情色计划，于是派出皇家海军"雄狮号"，在"猎人号"离开亚历山大港当天就将它拦截了下来。函件被送往伦敦以供出版，傅瑞则再次上岸（战争后期誓不与英国海军交战），心急火燎地赶回开罗，主要是为了打断拿破仑的交媾。在拿破仑为波琳安排的房间浴室里，这对夫妻撕破脸摊牌。但是，总司令很快又让傅瑞穿越沙漠前往叙利亚。他像是在对纳尔逊说："再拦住他！"

对皇帝阴茎的固恋，或可解释为什么圣赫勒拿岛的英国军医在尸检后说拿破仑的生殖器尺寸过小（沃尔特·亨利〔Walter Henry〕这样写道："私处看起来非常小，像小男孩的一样。"），集体无意识如此放大了他的性能力，事实真相注定会相形见绌。总之，"性腺功能减退"这一尸检结论，可能是某种"超级性腺"精神的结果，也有可能纯粹是一种报复。另一位不太可信的证人约瑟芬曾说"Bon-a-part est bon-à-rien"（波拿巴一无是处），暗示他性无能，不是能让人满意的情人。不过，拿破仑本人对自己的身体缺陷肯定也有所担忧（就算是偶尔）。"什么是爱？"他曾经这样写道，"意识到自己的弱点，很快就压倒了这个孤独隔绝的人。"

对于埃尔福特的傅立叶主义者，甚至还有英国海军而言，说拿破仑途经此地是为了与玛丽·瓦莱夫斯卡（Marie Walewska）约会也并不是不可信。这段经历，被马森记录在了拿破仑的浪漫履历中，后又通过波德莱尔的诗歌《致一位过路的女子》（A une passante）而永存不朽，只不过地点从波兰变成了巴黎：一名女子穿过人群，独与予今目成，然后又飘然远去，似成永诀。这次特殊的邂逅，据说发生在华沙附近的布洛尼（Bronie），时值 1807 年新年第一天。几天前，拿破仑还写信给约瑟芬，因为做了一个猜忌嫉妒的梦而怨责她："冬天的夜晚太漫长了，太孤独了。"现在，在返回华沙冬季宿营地途中，拿破仑在布洛尼停下来换马，雪花飘落在马车上，热情欢呼的波兰人也拼命拥向马车，他们颂扬他把波兰从其暴君手中解救了出来。驿站上到处是崇拜拿破仑的农民，但其中有位粉丝是一名年轻女子，她金发飘飘，双眼湛蓝，脸颊粉红（据马森形容）。在副官迪罗克（Duroc）的协助下，她来到拿破仑的马车前，向拿破仑表达了热烈的感谢（用流利的法语），感谢他赶走了奥地利人、俄国人和普鲁士人，称他是波兰的救世主。作为回报，拿破仑从堆在脚边的花束中送给她一只鲜花后匆匆启程，他的心却留在了那里，脑海里全是这个神秘的陌生人。如果换作更为宏大的史诗风格，这就是波德莱尔的故事。

但是，拿破仑就是拿破仑，他不会满意于令人沮丧的结局。他想要满足自己这刹那间的激情。回到华沙后，他委托迪罗克查明这位路人的身份并找到她。几天之内，女伯爵玛丽·瓦莱夫斯卡——可敬的民族主义者，某位年迈的波兰贵族的妻子——就收到了以拿破仑的名义举办的舞会的邀请（或曰命令）。整个冬天，他都对玛丽·瓦莱夫斯卡的贞洁穷追猛打，最后终于攻陷了堡垒。那些强迫性的信件和表白，无异于要挟勒索：从了我，不然你的国家就在劫难逃。"到我这里来吧，您的任何愿望都会得到满足。只要您怜悯我这颗可怜的心，我就会更加爱护您的国家。"就算她抵挡住了拿破仑的魅力攻势，其他的波兰爱国者、甚至连她自己的丈夫也都站在拿破仑这一边。那些有意于她的法国军官

167

（如伯特兰〔Bertrand〕、佩里戈尔〔Périgord〕），都立即被发配到帝国的偏远哨所。

这似乎是拿破仑最纯粹的征服之一，情事是战争的延伸。"我要强迫您，是的，强迫您爱我。玛丽，我已经让您的国家的名字重获新生。它能存在全是因为我。我可以做的还有很多。"当她流露出一丝抗拒之意时，他就把他的手表猛摔在地上，还将靴子狠狠地踩上去："如果您一定要拒绝我，我就会把您的人民碾成灰，就像我脚下的这只表一样。"这更像是强暴而不是引诱，用蛮力为欲望撑腰。按照玛丽自己的说法，她不得不为了波兰而屈服。至于约瑟芬，她很想来波兰与拿破仑会合，但拿破仑肯定不会让她靠近半步。不是"从美因兹（Mayence）到华沙的路程太远了"，就是"天气太恶劣，道路坎坷，很不安全，让你这么远一路赶过来于心不忍，再说我这里还有国事在身"，国家事务直接变成了风流韵事的委婉语。

诚然，拿破仑与玛丽·瓦莱夫斯卡之间分分合合的关系持续了很长一段时间，但整个故事、尤其是前戏部分，被过分夸大了。比起雪中的马车和鲜花（瓦莱夫斯卡本人并没有证实过这一点）这样的灰姑娘情节来，更不可信的是克里斯汀·萨瑟兰（Christine Sutherland）的假说。萨瑟兰认为，其实是塔列朗（他与瓦莱夫斯卡早已相识）冷静策划了整件事，目的是想要拿破仑善待波兰。但就算是在这个更有传奇性的版本中，也还是迪罗克单单挑出这位神秘的陌生女子，把她带到拿破仑面前引起他的注意（"陛下，请看看这位不顾一切想要见您一面的女士"），然后再奇迹般地找到她、把她送到拿破仑怀里。拿破仑就像是被赶鸭子上架一样，就像是"被迫"爱上她一样。拿破仑的诸多风流韵事无疑都是被创造出来的（他在圣赫勒拿岛开玩笑说："他们把我弄成了大力神赫拉克勒斯。"）；就算不是无中生有，这些情事也是精心编排的，符合公共利益，故意被用来驳斥那些所谓拿破仑阳痿、性能力低下、不能生育（他和约瑟芬曾就这一问题相互指责）的流言蜚语。"我不想听到那些说我性无能的谣言，"拿破仑在他的《科西嘉书信集》(Lettres sur la Corse) 中这样写道，"需要的是一个毫 118 不畏惧那些强人的灵魂，必须撕下他们的面具。"但是，他从来没有真正克服对"强人"的忧惧(如那些"强暴"了科西嘉的人)。

这个问题——总是破坏圆满美好的浪漫合一性的第三者、其它（更强大的）阴茎、候补情人——从一开始就是拿破仑思考的中心。他乐于怀疑母亲的忠诚（卡洛？帕欧里？马尔伯夫?），这或许激发了他对象征的理想化父亲形象的热情。对拿破仑青年时期影响甚深的小

169

说是歌德的《少年维特的烦恼》，他读了一遍又一遍（他自称共读过七遍），埃及远征时也带在身边（尽管如此，据说在地中海航程中当他发现他的所有军官都在熟读此书时，他暴跳如雷，"女仆人读的书！"命令他们全都去读那些更阳刚、更鼓舞人心的历史书）。歌德这部写于1774年的小说，部分取材于他自己的经历。小说将主人公维特置于一场虐恋之中，他注定不能得到自己所爱的女人绿蒂，已有婚约在身的绿蒂最终嫁给了阿尔伯特，这促成了维特的自杀，他留下了一本日记和多封书信，字里行间满是相思之情无处安放的空虚。维特用来打穿自己脑袋的那把手枪，实际上是阿尔伯特和绿蒂交给他的。这三个人（维特/绿蒂/阿尔伯特）之间的三角恋悲剧，是拿破仑自己早期尝试小说创作——著名如他未完成的小说《克列松和欧仁妮》（*Clisson et Eugénie*）——的起点。"我开始读小说，"拿破仑说，"它们深深地吸引了我。我甚至还试着动手写了一些东西。"拿破仑自己的努力，还造就了一个小说世家：路易士·波拿巴写有《玛丽：爱的考验》（以及一篇诗学论文），约瑟夫创作过一首题为《莫妮卡：塞尼山乡村少女》的田园牧歌，吕西安也构思了一个世外桃源故事《印度部落》（1799年）。在圣赫勒拿岛时，拿破仑称这些作品"无聊"。

《克列松和欧仁妮》这一未完稿的创作时间难以确定。马森将之系于1789年，因为拿破仑同期创作的另一部小说《新科西嘉》与它有相似之处，这一时期的他也更像卢梭主义者。让·蒂拉尔则推后至1795年，当时拿破仑二十六岁，与小说主人公克列松同龄；这一创作日期还与拿破仑、德茜蕾·克拉里（Desirée Clary）的情事相吻合，他也总称她为"欧仁妮"。考虑到文本是草稿的重写本，这两种说法可能都有一定道理。无论如何，这个爱情故事是《论幸福》主题的一个变奏：瞄准幸福却错失靶心。故事中同样也有拒绝和自杀念头。此外，就像《论幸福》一样，书写与幸福似乎还密切关联。自杀究竟是什么原因所致？在《少年维特的烦恼》中，是维特不能与绿蒂结婚。在《克列松和欧仁妮》中，是爱人不再写信。不写就不爱。"欧仁妮不再给他写信了。欧仁妮不再爱他了。"书写这一行为本身就像是爱的标志。

在手稿的标题页上，拿破仑划掉了"欧仁妮"的名字，只留下"克列松"。这一改动，暴露了拿破仑乃至他塑造女性形象时的某种焦虑，或曰犹豫。小说开篇，克列松已是一个成功的战士形象。"然而他的灵魂并没有得到满足。"幸福还躲着他："像所有男人一样，他还在寻找幸福，但他找到的却只有荣誉。"在拿破仑笔下，光辉业绩不足为奇，这是所有男人的性征，幸福却难得一见，几乎就不存在。在小说叙事中，也有过二者似乎可以互换的短暂时刻，克列松安定下来享受家庭幸福，暗暗回到"自然的怀抱"（这一形象可能也是岛屿的形象），但他最后还是再次应征参战，受伤后派自己的副官贝维尔回去向欧仁妮报信说自己会延误归期。当她不再写信给他时，他就在战斗中刻意求死——他怀疑她与贝维尔私奔了——结果"身中千弹而亡"。

如果说这个故事是对他和德西蕾·克拉里（欧仁妮）之间情事的回应的话，那么就与实际情况恰恰相反，因为是赢得她芳心的拿破仑撤营去了巴黎，爱上了其他人，并不再写信给她。"您终于结婚了！"拿破仑结婚的消息传回马赛时，克拉里给他写信说，"不再允许可怜的欧仁妮爱您了，连想也不许想您了……现在剩下的唯一安慰就是知道您会被我的坚贞不渝打动，除此之外我只想一死了之。"

对背叛的焦虑，或曰对背叛的期待，或曰对背叛的渴望（看起来也很有可能），或许可以解释拿破仑何以需要妓女的陪伴。他在另一次休假期间创作的作品之一《王宫偶遇》（*Rencontre au Palais-Royal*），就详细记录了他的一次偶遇。拿破仑一丝不苟地在手稿上注明了日期（1787 年 11 月 22 日，星期四），甚至还逐字写全了地址

(Hotel de Cherbourg, rue du Four-saint-Honore），就像这
会让文本显得更真实可信一样。不过，这倒也符合他人
类学的、学究气的一贯做派。马森认为，《王宫偶遇》
实际上是拿破仑失去处男之身的记录，在首都闲逛时，
他的感官完全被女性的香鬟艳质所淹没："在由她统治
的这个巴黎，女人环绕他，纠缠他，抓住他。"但是，
《王宫偶遇》并没有太多的色欲意味，更像是一次干巴
巴的性学实验，是一份高级研究的实验记录。文本暗示
说，十八男儿四处与女人搭讪，但也只是抱着一种超脱
的科学研究精神而已。他形容女性所用的"une per-
sonne du sexe"（性感尤物）一词，说明只有女人才是有
性的，而他至少是无性的。

那是一个寒冷刺骨的夜晚，拿破仑烦躁不安地阔步
巴黎街头，正在排练他的自我革命。在王宫长廊上——
过去是红衣主教黎塞留（Cardinal Richelieu）的基地，
如今是巴黎的 Soho 区——拿破仑正打算敲门时，遇见
了一位女人："我正站在这些铁门的门口，我的目光却
被一个女人吸引住了。"她害羞、苍白、瘦小，柔声细
语。他意识到她"对我的某些研究是一个有用的人"，
而他也不再是那个害怕被"（妓女）看一眼就会被玷
污"的天真少年了。显然，这并不是拿破仑的第一次
"偶遇"，但却是他的第一次亲切交谈："我很高兴，因

121

*173*

为她至少是回答我的话了，这就是成功，我过去的种种尝试总是不够圆满。"可见，他以前曾在红灯区四处游荡提问题，吃了很多闭门羹。他的那些问题，想必非常奇怪。而现在，他开始讯问她的情色史：

> 拿破仑：您的处女之身是怎么失去的呢？
>
> 女人：被一个官员拿走了。

原来，这位来自布列塔尼（Breton）的女人与很多士兵发生过关系，他们每个人都抛弃了她。当她接着说"我们去您的住处吧"时，拿破仑看上去就像是取代那些士兵的候补人选一样。不过，他的下一个问题表明这是多么的不可能："但是，我们去那里做什么呢？"热切追求真知的他，已经完全忘记除了博士研究生和记录者之外自己或许还可以扮演其他角色。

她回答说："来嘛，我们可以先暖暖身子，您再满足您的乐趣。"他这才从半梦半醒中回过神来，就像鳞翅目类昆虫学家看到被他钉在显微镜下的蝴蝶展翅振羽一样惊诧不已。他觉得太尴尬了，只好找个借口离开，再次依照军队惯例把她孤零零一个人丢下，还让人对他的男子气概怀疑有加。当时，他的策略就是矢口否认：他本不想表现得如此冷静超脱（scrupuleux），只是假装老实正经(honnêteté) 而已，"我想要向她证明我所没有的纯洁无邪"。也就是说，他必须伪装自己的欲望，装作是一个假冒的不带感情色彩的分析家。他太彬彬有礼了，避开了礼貌。塔列朗一针见血，说拿破仑的"真实感受我们看不透，因为他总是有办法伪装，就算那些感受真的存在"。这里，对于拿破仑的性冲动肯定要打上一个大问号。故事中实际上什么也没有发生，拿破仑一直在想、在说，但却没有行动。在这个故事中，可以确认的是他无法抗拒这个妓女的叙述：一而再再而三地被人始乱终弃。在她对她的某个士兵情人的叙述中，背叛甚至还具有了某种政治维度："虽然法国人，他的事业（或他的风流韵事？）召唤他去伦敦，但他还是留在了这里。" 122

在巴黎，性与权力形影不离。这是拿破仑的看法，当时他再次回到首都，热月党人执掌国民公会，罗伯斯庇尔被处死，剧院挤满了观众（见米什莱的记载），纵欲之风盛行一时。"巴黎的每一个地方，"1795 年他在给哥哥约瑟夫的信中这样写道，"你都可以看到美丽的女人。世界各地，只有这里才是她们的天下，男人为她们而疯狂，其它什么都不想，只为她们而活，只通过她们而活……女人都该来巴黎待上六个月，学习什么是她们所应得的，明白她们自己的权力。只有在这里，她们才理应享有这样的影响力。"如马森所言，拿破仑任由自己沉溺于某种女性观，一种"精神的感官享受"。但即便是这样，他也小心翼翼地与女人的"帝国"划清界限，只允许她们在巴黎当道掌权。

拿破仑的文学榜样之一，是袭相的伪苏格兰狂飙诗歌(由麦克弗森〔Macpherson〕招魂重建而成)。尽管他偏爱小说和历史，却也从未完全放弃过对诗歌的热爱，涉足诗歌这一文类也就自然而然。下面这首系于拿破仑名下的情诗——夏多布里昂认为从形式上看此诗应是拿破仑与另一位更熟练的拙劣诗人共同创作而成——是献给演唱《蒂朵》(Dido)部分唱段的一位女歌唱家的，其写作时间与写给约瑟夫的信约略同时：

123

　　　罗马人，虽然你以显赫的出身为傲，

　　　你们帝国的诞生又何其幸运！

　　　蒂朵那迷人的魅力也不能

　　　留住恋人匆匆离去。

　　　如果我们的蒂朵，城市之光，

　　　是那迦太基的皇后，

　　　埃涅阿斯也甘愿为她出卖灵魂，

　　　你那美丽的国家就还是蛮荒之地。

马森怀疑这首"情歌"的真实性，但其维吉尔式的主题——爱江山还是爱美人——是拿破仑1791年驻扎瓦朗斯时所作的《关于爱情的对话》的支点。对话讽刺了爱情的破坏性后果，"波拿巴"嘲笑"马吉斯"（他在埃科勒军校时的朋友）的痴情妨害了他对社会和国家的责任感。性与堕落、谵妄、疾病密不可分。但马吉斯有一个很好的论点常常能驳倒波拿巴。他说："难道您和其他男人不一样吗？"这个问题反映了拿破仑真实的自我怀疑（或即性腺功能减退），还有对受制于女性的忧惧。拿破仑将女人与湿度、黏性、沼泽化联系起来："爱情让人泥足深陷。"从某种意义上说，《关于爱情的对话》是《论幸福》的脚注，爱情被认为"有害于社会和个体的幸福"。为了抵御女性黏质的危险，他向往僧侣的纯洁和不朽："如果仁慈的上帝能救我们、救这个世界远离爱情的话，那将是一种善行。"

不过，波拿巴在对话中改变了风向，他认为当我们 124从自然状态进入社会契约状态时（回到卢梭），这一救赎实际上在某种程度上就已实现了："对自然的需求必然被信念王国所取代。"不再有纯粹的欲望，只有对欲望的幻想。魅惑依然是一个选项，但你必须有意识地选择被魅惑才行。这一革命性的框架，在《克列松和欧仁妮》中也有迹可循，你，"可怜的人！"身处迷人的"自然的怀抱","你的灵魂被幻觉、欢腾、忧虑所俘获",但一旦远离这个"自然的怀抱",你就开始了"语言游戏"。

性交上明显的话语权,也见于拿破仑的驻俄大使科兰古(Caulaincourt)所撰的《回忆录》:

> 以为他有很多情妇就错了。的确,他有时候也会头脑发热,但他几乎感觉不到有对爱情的需要,或者说他根本就感受不到爱情的欢愉。皇帝过于急切地讲述他的那些风流艳史,以至于人们不难想象他与她们交往只不过是为了谈论她们而已。

尼采说婚姻是一次长谈,拿破仑与约瑟芬的关系无疑也应被视为关于爱情的另一次对话(当然,和以往一样,实际上还是他一个人记录双方)。在圣赫勒拿岛,拿破仑坦率承认,尽管玛丽·路易斯(Marie-Louise)忠贞不贰、一往情深,还为他育有一子,但他对约瑟芬的依恋总是更深,因为约瑟芬虚伪,因为她总是表里不一。正是这种不确定性(或曰确定她不忠不信)是他与她通信的动力,而这些书信是所有拿破仑文本中最著名的、至少也是最可信的文本。

司汤达在论及意大利时,认为正是爱情使得拿破仑与众不同:"与大多数征服者截然不同的是,他们都是粗鄙之人（êtres grossiers）,而我们却看到拿破仑在 1796年的战争中疯狂坠入了爱河。"只有将"爱"和"性"对立起来,认为精神或形而上的活动优于物质活动,司汤达的观点才有一定道理。拿破仑印证了司汤达的说法:"我从不追着女人跑……如果他是一个好色之徒,怎么可能二十五岁时就成为将军呢?"不像其他那些粗鄙之人,拿破仑几乎从不借胜利之机占性的便宜,因为他已经有了对约瑟芬的依恋。拿破仑以约瑟芬作为自己的不在场证明,以避免其他人的纠缠。杰曼·斯达尔（Germaine de Staël）曾经直截了当地问他是不是真的从没爱过女人,他回答说:"夫人,我爱我的妻子。"他的爱情观,换句话说,是为了逃避性,或者说是以一种无限的热情来逃避单纯的爱情:"我的心感受不到任何平庸之物……它对爱情自我防备,但一旦从中激发出无限的热情,黑暗就会拖垮它。"由于约瑟芬常常不在身边,他就能将他的所有欲望倾泻在书信中,他首先就被自己的语言魅惑住了。

拿破仑这些书信的榜样,可能是卢梭的书信体小说《新爱洛伊丝》(1761 年),语言过度在某种程度上依赖于剥夺"性的最低限度"。就像歌德（更简练地）为维特/绿蒂/阿尔伯特设置了一个以必死无疑为结局的陷阱一样，卢梭也探索了另一个悲剧三角即圣普乐／朱丽／沃尔玛的后果。拿破仑后来还会回到这部小说（1806 年版），动手修订它，他大段涂抹，大胆删除字、句、段落，还以自己的风格增加了一些明智的重写（他对书中某行文字做了眉批，批评说 phrase fausse〔措辞不当〕）。在圣赫勒拿岛，拿破仑对拉斯卡斯说，几乎每一部经典著作，大概除了孟德斯鸠以外，都需要大幅精简（需要带着审美力和鉴别力〔avec goût et discernement〕来完成这项工作）。拿破仑总有点儿像结构主义者、几何学者，看过了太多的三角形。但是，这一时期的拿破仑，在他自己那些充满热情的书信中却是多产的、不能精简的。"我无法放下手中之笔"，他的这句话，可以用来形容他那些信中的每一位男主角。

126

在高峰期，从法国到意大利再到返回巴黎，一路上拿破仑一天就能迅速写出好几封信，还总是抱怨约瑟芬没有经常写信给他。就算约瑟芬给他写了信，他也抱怨她的文体不够抒情，没有投其所好："你给我的信，只有几句话，看不出深情厚意的味道。"在他看来，既没有质也没有量。所以，他不得不教她应该怎样写她从未写对过的信："我最亲爱的，在你的信中，一定要告诉我你相信我对你的爱超乎想象。"像往常一样，虽然戴着胜利的花环，幸福却还是躲着他。"你的丈夫不会幸福，"他从阿尔科拉写信说，"除非他有约瑟芬的爱情。"而约瑟芬的整个目的（raison d'être），就是要难以企及、无法信赖，或一句话，要在别处。

拿破仑书信的重头戏——情色刺激——就在于缺席，在于将情人分开的距离（其它时候，如他享受他的波兰田园生活时，也是如此）。就算他离开在先，他也有先说"再见"的权利："每时每刻都让我离你越来越远"（1796年3月14日）；"这么远的距离、这么多的国家把我们分开！还需要那么长的时间你才能读到这些文字，它们是因你的统治而备受折磨的灵魂的虚弱的标志。"（4月23日）

在这些信中，约瑟芬是不透明的同义词，是外在于自然怀抱的信任的不幸荒原。非人的帝国建立在完善知识、传播知识的基础之上，卿卿我我的王国则展现了一条巨大的无知的鸿沟："将来是什么？过去是什么？我们是什么？包围我们、对我们隐藏那些我们最需要知道的一切事物的神秘流体是什么？"爱情就是所有迷雾重重的流动性的根源："相爱的人之间存在一种神秘的流体。"所以，拿破仑的请求"我要求你的……只有真相，毫无保留的坦白"是徒劳的：真相不是女人。如果知识是不可能的，我们就只能任由骗子摆布：

我们在神秘中走过、活过、死去。在这种奇特的环境中，牧师、占星家和江湖骗子利用我们的偏好，带着我们的想法出门散步，然后把它们留在他们喜欢的任何地方，这又有什么可奇怪的呢？

"带着我们的想法出门散步"，或许就是对整个法兰西帝国的概括总结。

　　拿破仑是自己所造之物的一个头脑清醒的受骗者。他对自己投身其中的角色心知肚明，甘愿作蛇蝎美人（femme fatale）的牺牲品。"但是，我是在给自己制造麻烦。就像现实中的麻烦还不够多一样！难道我非要不停地制造更多的麻烦吗！！！"在拿破仑领军深入南方，越过阿尔卑斯山脉直抵罗马时，约瑟芬却执意留在巴黎。她的信中满是借口：事务，疾病，怀孕（子虚乌有）。拿破仑在埃及骑马巡游金字塔的那一天（布里昂称时值1799年6月3日），被大多数论者视为国家的"转折点"。那一天，他的副官朱诺（Junot）将拿破仑引到一边，抖搂了约瑟芬的所有绯闻，拿破仑怒不可遏，然后沮丧地评论说"面纱彻底撕破了"（这句话见于他写给约瑟芬的信中，被英国人截获）。不过，事实真相并没有这么夸张，从一开始一切就都在预料之中："再见，约瑟芬，对我来说，你是一个我没办法解释的怪物。"

拿破仑期待、甚至似乎还憧憬背叛后的前景："继续吧，嘲笑我，待在巴黎，找情人，让每个人都知道，不再写信，这又关我什么事呢？我会爱你更多十倍。"就像克列松一样，他知道如果她没写信一定是因为她忙着招蜂引蝶。

128

他难免会开始引用自己的小说："命运……用荣誉淹没我，只是为了让我更加苦涩地感受到自己的不幸。"拿破仑变成了克列松，甚至还期待出现某种自体性欲（autoerotic）的死亡场景："如果荣誉不足以保证幸福，至少它会给我一个死亡和不朽的机会。"事实上，孤独之心的自杀倾向曾经盛行一时，以至于1802年拿破仑不得不下达相关命令，防止他的将士们因恋情而吞枪自尽（"毫无反抗地向悲痛投降，用自杀来逃避，这是在获胜之前就逃离了战场"）。帝国的存在，如果不是为了寻死、不是为了确保幸福，那么至少也要远离女人。拿破仑就算不断回到她们身边，也还是会再次跑开。这是一个梦幻城堡，一个被证明能抵抗入侵的僧侣岛屿，一个免受天摇地动影响的完美的几何结构。

再见，我生命中的女人、折磨、幸福、希望、灵魂。再见，激起我柔情让我回归本性、让我如火山如雷电暴烈冲动的我的爱，我的怕。

就像《关于爱情的对话》所主张的那样，帝国应旗帜鲜明地缺席于女人的"帝国"（或主宰）。

> 我爱权力（他承认），但我以艺术家的方式爱它……我爱它，就像音乐家爱他的小提琴。我喜欢用它拉出音声、和弦、旋律；我像艺术家一样地爱它。

帝国，部分是艺术形式，部分是男性情谊的仪式，没有人愿意听见关于自己无能的传闻。《拿破仑法典》试图在每一个可以想象的合法节点上绑住女人，这并不是巧合。法典构成了对女性气质的一种报复。或用拿破仑更抒情的话来说，"全世界的女人都是保王党。这不奇怪。自由是让她们黯然失色的更可爱的女人。"他在给他权权的一封信中如此写道。

就像卢梭出门散步时心思也停留在书中一样，拿破仑也从没有真正喜欢过自然（除了笼统浮泛的赞美之外）。说他厌恶自然可能更准确些。他的首次准军事行动便是瞄准科西嘉岛上的所有山羊，计划通过大屠杀一劳永逸地消灭山羊问题（他的权权阻止了这一最终解决方案，还斥责他的这一新想法〔nouvelles idées〕）。可能是因为它们代表了整个山羊性（即好色的、淫荡的）。他热衷于大狩猎，数以百计的四足动物的尸体堆积如山（他对约瑟芬开玩笑说，除了她以外，公园里的每只动物都是"多产的"）。"无"的观念对他来说总是充满吸引力："世界上的其它生物，"他写信给约瑟芬说，"除非完全灭绝，对我而言就是不真实的。"他脑中的"自然的怀抱"是一个空无的怀抱，一个全无生命的几何图形。

但是，就算灭绝一切，拿破仑也不能完全消除对"强人"（尤其是来自海洋对面的那些人）、对第三者的忧惧，甚至是国家事务中的第三者。如果说拿破仑在埃尔福特时尚未明白的话，现在他也开始意识到，帝国也是一种关于失败和背叛的叙事，重复了婚姻的所有陈词滥调。"我喜欢（沙皇）亚历山大，"1808年和平会议尚处于早期的乐观阶段时，拿破仑写信给约瑟芬说，"所以他必须要和我在一起。如果他是个女人，我相信我会让他成为我的情人。"他试图在他的"大陆体系"中围绕欧洲画一个完美的圆圈，却总是被不速之客搅乱。拿破仑关进来、逐出去的所有战略——他的和平会议的关键——恰好可以概括为他对自己妻子的控制：

> 我有理由不满 T 先生……我把他送回了老家勃艮第（Burgundy），我不想再听到他……我希望你只和那些与我共进晚餐的人一起共进晚餐……不许

你自己被那些我不认识的人包围，我不在时他们也不许来你家。

大陆封锁政策将英国人视为流氓无赖，这些无赖总是设法引诱拿破仑最新的战利品，或是像波琳·傅瑞一事那样试图破坏他的好事。"终于，"奥斯德立兹后他满怀希望地写信给约瑟芬说，"大陆终于恢复平静了，我们必须相信这会波及全世界，英国人不敢再冒犯我们。"这意味着英国人会那么干。

司汤达在《论爱情》(*De l'amour*) 中认为，对惨败的担忧是一个不变常数："有一丝激情进入心中，就会有一丝惨败尾随其后。"他以"fiasco"（惨败）一词指代性无能。他想出各种办法来解决这个问题，但惨败还是笼罩在他的小说中。就算性交如愿以偿，却也总是与失望相伴，情人常常会沮丧地偷偷溜走，或许是因为"男人们趾高气扬地进入，但却衰弱疲惫地撤退"（如卡米拉·帕格利亚〔Camille Paglia〕的刻薄形容）。《巴马修道院》(*La Chartreuse de Parme*) 开篇庆祝拿破仑进驻意大利，视之为幸福繁荣的芝麻开门，但下一章司汤达就快进到了滑铁卢。如果说"性行为粗暴地模仿历史的衰亡"（亦见卡米拉·帕格利亚）的话，司汤达在战场上的笨拙、混乱和崩溃，也是惨败的又一个版本。身为拿破仑的军需官，司汤达只亲见过拿破仑三次，其中也只有一次接近于交谈，不过他还是在作品中捕捉住了皇帝的某种焦虑。这不只是因为拿破仑终于厌倦了表演，再次退回到攻击女性气质的立场。不同于支持拿破仑崛起的夏多布里昂，司汤达坚定不移地与沉俱沉。他在自传性的《亨利·布吕拉尔传》(Vie de Henri Brulard) 中这样写道："1814 年 4 月，我跟随拿破仑一起跌倒。"

拿破仑一直活在司汤达关于惨败的整个叙事中，无论是之前还是之后，他都写到过这一问题。1814 年流放厄尔巴岛前，他在枫丹白露宫写给约瑟芬的最后一封信中(此后不久她就去世了）明确表示拥抱惨败：

> 对你所说的话今后我不会再说。我向你抱怨过我的处境，但今天我对此暗自庆幸，我的头脑和我的心已经摆脱了重负。我的失败是巨大的，但至少如他们所说，也是有用的。

一切俱以背叛告终："我把成千上万的恶棍满满地装了一杯子！ 他们现在却对我做了什么？我告诉您，他们背叛了我，是的，他们每一个人。"退位，倒是专心致志写作的一个机会：

引退后我要以笔代剑。我在位时的历史，将是一段奇异的历史。过去我只以侧面示人，现在我要完整地露出我自己。

他终于摘下面具，表明自己是一个失败者，一个失败的英雄，一个瞄准幸福但却错失靶心的男人，可能还会像他对拉斯卡斯所说的那样，为自己的雄心壮志"不能实现和满足"而遗憾不已。所以，拿破仑弹奏了一曲让人心碎的七弦琴曲——借用夏多布里昂的形象——被迫以声声叹息奏出欢快的音符。

132　　化生活为文学，这一审美慰藉有助于解释何以拿破仑在埃尔福特时召见的不是黑格尔也不是傅立叶，而是《少年维特的烦恼》和《浮士德》（尼采说此书四处可见拿破仑的影子）的作者歌德，歌德当时正忙于写作他的《色彩理论》。拿破仑抓住一次休战机会，终于会见了这位作家。《少年维特的烦恼》曾让他更深地理解了自己的事业；无论是在面对纳尔逊时还是在斯芬克斯的暗影下，这部他读过数遍的小说始终都熠熠生辉。

米兰·昆德拉在他的小说《不朽》（1991 年）中大致重建了这次会面，反映了二十世纪的诸多偏见。在这个版本中，拿破仑是一个狂躁怪诞的自大狂，他意在利用歌德做宣传，顺便发布一些可供人引用的"短句"（sound bites）；歌德则是温文尔雅的智慧老人，几乎像佛教徒一样自我谦抑。两人之间的反差再大不过了。但事实上，拿破仑和歌德一起讨论了文学、小说、戏剧、古典与现代、塔西佗与伏尔泰，第二次会面时谈论的也还是这些主题。阿尔伯特·比尔绍斯基（Albert Bielschowsky）对他们之间秘密的亲密关系理解更深，他在其《歌德的一生》中认为"拿破仑并没有以将军、政治家的身份（与诗人）交谈，而是以文学批评家、历史学家、哲学家的身份交谈"。在昆德拉看来，诗人纯粹是出于恐惧与颤栗才假意尊重暴君，他担心自己稍微行差踏错，魏玛就会化为灰烬。但据歌德的出版商科塔（Cotta）称，歌德曾说："我很乐意承认，我这一生中再没有比以如此交情站在法国皇帝面前更崇高、更愉快的事了。"1815 年，拿破仑第二次（也是最后一次）退位后，歌德还对收藏家波伊塞内（Boisseree）评价说，拿破仑"对这个世界的深刻理解前所未见"。当时曾参与他们部分谈话的作家克里斯多夫·维兰德（Christophe Wieland）追忆这位法国皇帝时也说："我再也没有见过比他更安详、更简单、更绅士、更不傲慢的人了"（据塔列朗称）；维兰德当时还对拿破仑说，他认为他是真正的"文人"。所有这些评论都迥异于昆德拉。

谈到《少年维特的烦恼》时，拿破仑赞不绝口，但
133 也提出了不同意见：自杀动机是不是交代得不够清楚？
是单恋得不到回报还是抱负遭受挫折？（维特在被恋人拒
绝的同时，还发现自己被排除在上流社会之外。）总而言
之，小说是感伤的还是政治的？后来，歌德说拿破仑的批
评就像技艺精湛的裁缝能识别出巧妙隐藏在无缝套袖中
的暗缝一样。难怪拿破仑能够看出歌德自己在感伤和政
治之间的困惑。拆解小说后，拿破仑又转向戏剧，他更偏
爱高乃依，而且还对莎士比亚做了一些尖刻的评论。他
不喜见悲剧与喜剧相混合（"文体应该轮廓清晰、界限分
明，两种文体的任何混合都容易引发混乱"）。或许这就是
他最大的担忧：不仅仅是因为他期望并越来越觉得自己
活在悲剧中，还因为喜剧有可能会损害悲剧的英雄气
质，将悲剧变成一场闹剧。"悲剧，"他说，"必须成为国
王和人民的学校，它是诗人所应追求的最高峰。"

拿破仑和歌德一同观看了伏尔泰《恺撒之死》的演
出，他们的谈话也在剧院继续进行。歌德曾翻译过伏尔
泰的《穆罕默德》，拿破仑解释了自己为什么觉得那是
一部糟糕的剧作（根据他自己的伊斯兰经历）。这时，
拿破仑又有了批评的兴致。只需要多一点时间，恺撒就
能为全人类带来幸福，但伏尔泰忽略了表现这一点。还
有，死亡场景也缺乏足够动机。又是瞄准幸福但却偏离

目标。歌德肯定可以做得更好？这里已经不仅仅是冷静客观的批评和试图弥缝缺陷了。拿破仑恳请歌德重写伏尔泰（的剧作）。可能他是希望歌德改写剧情。但歌德没有承诺什么。他不能改变历史，甚至也不能改变伏尔泰的任何一个字。拿破仑明白自己既不能改变歌德也不能改变维特终有一死的结局，但他或许能够与他合作。正是因为觉得心心相印，拿破仑才邀请歌德前往巴黎："在那里，您看待世界的视野会更开阔，您还能为您的诗歌找到大量的丰富素材。"（需要补充的是，据塔列朗称，拿破仑一年前曾在柏林向让·穆勒〔Jean de Mülle〕发出过类似邀请。）

　　用拿破仑自己的话来说，歌德是一位"悲剧诗人"。　134
的确，他的《色彩理论》甚至将色彩形容为"光的壮举和受难"。壮举和受难——拿破仑心中的"素材"——源于拿破仑自己创造幸福的乌托邦计划遭遇第三者或其它某种形式的抵抗。他问歌德："您的人民幸福吗？"歌德回答说："希望永在。"拿破仑非常非常强烈地感觉到，实际上并没有发生的启示即将来临。这是一种审美态度（见豪尔赫·路易斯·博尔赫斯在《长城和书》中的定义），这种态度也回响在整个十九世纪的其他很多作家身上，只是没有谁能像诗人马拉美那样说得简洁明了："世间万物的存在，只是为了成为一本书。"拿破仑甚至想过他与歌德的谈话有可能成为另一本书的主题，这本书或许应由歌德本人来写："您应该留在这里，把您对我们向您展示的那些伟大景象的印象写下来。"一切事物的存在，都只是为了成为一本书。卡尔·马克思将会召唤黑格尔和傅立叶的幽灵，因为他看出历史辩证法和法伦斯泰尔都是完美圆环、理想形式的版本，它们将会变成共产主义，或歪曲了尼采 Übermensch（超人）的法西斯主义。而拿破仑想见歌德，只是因为在所有人中歌德是悲剧三角、第三者、破碎之梦的代言人。拿破仑向歌德感叹道："我们现在还需要什么命运呢？政治就是命运！"这说明他又回到了难以抑制的叙事冲动，回到了这个他无力重写的文本：一出关于惨败的剧本。

拿破仑半心半意期待埃尔福特会议归于失败，结果也确实如此。他还满心希望迎娶沙皇亚历山大的妹妹女大公卡特琳（Grand Duchess Catherine）。不过，尽管对亚历山大殷勤有加，一个月后沙皇还是宣布将卡特琳嫁给奥尔登堡（Oldenburg）亲王，拿破仑对这一结果倒也不觉得意外。

歌德认真考虑过前往巴黎的提议，但终未成行。尽管如此，拿破仑并没有忘记歌德。1812 年 12 月，拿破仑撇下被困的军队、逃离哥萨克人追击、乘坐雪橇撤离俄国途经德国北部。一天晚上，他和科兰古宿于离埃

135

尔福特不远的一个小镇上。拿破仑问他们所在的位置。"陛下，在魏玛。"随从答道。"请向歌德先生转达我的问候。"拿破仑说。考虑到当时的环境，科兰古有理由将此举视为疯狂。但是，拿破仑一定觉得歌德会欣赏他现在的大量丰富素材，他对科兰古总结说：

> 全球帝国是一个梦，我已从梦中醒来。从前我还会被好战的激情冲昏头脑，但以后，就像所有激情一样，它只会偶尔把我引入歧途。

但是，就算在一路狂奔重返巴黎的途中，关于幸福的梦想虽然没有实现，却也并未磨灭：

> 人民的不幸使我深受触动。我希望看到他们幸福，法国人民也一样。如果我能再活十年，人人都会觉得满意。

由于第三者的形象深入内心，滑铁卢也必定具有某种意义上的必然性：就在即将把威灵顿赶下山头时，拿破仑却看见布吕歇尔（Blücher）和普鲁士军队猛然揳入法军阵型，叫停了这场梦。

第六章　作者之死

　　1821 年拿破仑并没有死在圣赫勒拿岛上。尽管戒备森严，多亏替身（布里恩时期的一位老朋友）的掩护，他还是设法实施了一次大逃亡。为了摆脱追捕，他绕道回到欧洲，准备重新披上皇帝斗篷，一雪滑铁卢的耻辱。就像厄尔巴岛一样，圣赫勒拿岛注定不是终点，而是一个新起点，一个新冒险的跳板。拿破仑平安登陆法国，重返巴黎。不幸的是，在他公开露面之前，那位困处孤岛的替身却去世了（可能是自然死亡，但更有可能是暗杀阴谋的受害者）。所以，当拿破仑最终向他的臣民们宣布皇帝再次回来带领他们走向更多的必然胜利时，却被抓起来关进了一家疯人院，那里有数百个疯子也自称是拿破仑。

　　尽管严格说来无法证伪，但比起其它那些围绕拿破仑黯淡命运而生的五花八门的神话和小说来，这一传说（保存在西蒙·莱伊斯〔Simon Leys〕1986 年的小说《拿破仑之死》〔*La Mort de Napoléon*〕中，只有细微差别）似乎也不算太离谱。让那些富有想象力的小说家沮丧的是，随着烟云散尽，可以肯定的是拿破仑五 137
十一岁时死于圣赫勒拿岛。

尽管如此，对他的严密监禁并不能阻止很多人、包括他的家人猜测他实际上瞒过了严厉的英国看守，在夜色掩护下逃离了岛屿，暂时藏身在其它某个地方。这种假设也合情合理。毕竟，他在厄尔巴岛只待了不到一年时间。诚然，位于南大西洋的圣赫勒拿岛，是全世界最偏远的岛屿之一，它距离法国有 5000 英里，距离最近的海岸线也有 1400 英里。当然，仅仅是地理上的不便，对于这位逃生大师、他那个时代的霍迪尼（Houdini）来说，也不算是太大的障碍。难道拿破仑没想过夺取该岛吗？十年前他就曾经写道："英国人根本就想不到这次远征，让他们大吃一惊是小菜一碟。"鉴于他的地形知识和出色将才，成功出逃肯定也会是让英国人大吃一惊的小菜一碟。

这一乐观预言的反讽之处在于它非但没有自然应验，反而强化了对他的监控。英国人心中的剧本和法国人差不多。他们如此相信拿破仑有可能脱逃，所以将岛上驻军增至 2000 人（还有两艘舰艇环岛巡逻），对他进行实时监控。同样，另一方面，他的家人和支持者也如此确信他已摆脱了那些愚蠢的追捕者，他们只能不情愿地任由他自生自灭。从某种意义上说，正是因为每个人都相信他已经重获自由、正在返回法国途中，他的脱逃才变得更加不可能。

正是由于抱着怀疑的态度，所有来自圣赫勒拿岛的信件都必须经过检查。以拦截者著称的英国人，可能还会伪造那些信件。所以，可以想见的是，当拿破仑致信舅舅红衣主教费什，恳请他派送一名正派的医生（治疗自己恶化的疾病）和一名牧师（为了进行神学讨论）来岛时，费什大约一年后才有所回应，送来一个刚刚遭受过严重中风的口齿不清的白痴（波纳维塔〔Buonavita〕）、一个半文盲的农民（维塔利〔Vitali〕）和一个病理学家（安东马尔基）。这简直就是笑话嘛。就算是禁锢在圣赫勒拿岛，拿破仑也看不上这些人。但这或许是针对英国当局的一个狡猾把戏，英国人公然以拿破仑之名送出信函，试图让世界相信他仍被束缚此岛，而事实真相却是他早已远走高飞。精明的费什才不会相信他们的小花招。他有可靠来源（一个中介）表明拿破仑已是自由身，正在等待良机重现巴黎。就像费什一样，后来圣赫勒拿岛地下刊物的大多数读者们对于探究阴谋诡计都是反讽的、世故的、过分热切的。

其实，与所有的预期相反，拿破仑并不特别渴望启动他的逃亡。就像其他很多艺术家一样，早在去世之前，拿破仑就已经明白自己离世之后才会得到更多的尊重。死亡才是让他逃离默默无闻的好办法。他不是死于胃癌（像他父亲一样），不是被英国人或法国人毒死，更不是潮湿气候下壁纸中渗出的铅毒撂倒了他。他选择了自己的命运，而他流放圣赫勒拿岛的整个时期，海德格尔将会称之为"向死而生"。圣赫勒拿岛并不像人们通常所想的那样是一个惨淡的悲剧，而是拿破仑"成为一名作家的小志向"的自然实现。他忙于写作，以至于不想出逃。

退位之后，与其说拿破仑担心那些以往的敌人，还不如说他更担心法国人（尤其是复辟的波旁王朝）有所动作。他拒绝玛丽·瓦莱夫斯卡陪他一同流放的好意，骑马西出巴黎前往海岸。他没考虑过任何脱逃妙计，如利用诱饵船只、逃之夭夭之类。他在罗什福尔（Roche-fort）登上英国海军"柏勒洛丰号"，这艘船将带他前往英格兰。拿破仑似乎毫无推脱之意，这让舰长梅特兰（Maitland）惊讶不已，他只得在船上礼数周全地迎接这位显赫的客人。拿破仑看起来悠闲自在、从容不迫、无动于衷、漠不关心。几乎是过于顺利了。这是某种狡计的一部分吗？（再次让人忍不住以反讽态度视之。）不是的，拿破仑写给摄政王的信函看起来十分真诚："我像地米斯托克利（Themistocles）那样前来投身于英国人的善遇。我把自己置于他们的法律的保护下。"尽管也曾考虑过美国，但拿破仑更向往居住在英格兰，或许就住在舒适的乡下，远离都市，专注于沉思，过简单的乡绅生活，时不时出门狩猎探险。他并没有把英格兰视为流放地，那里更像是喧嚣尘世的庇护所。英国人不也是科西嘉人那样的岛屿种族吗？"美国，"他写道，以超然的第三人称谈及自己，"也曾是他的可选之地；但是，再三考虑，律法严明的英格兰更适合他。"有人认为他想过要成为英格兰皇帝，发动一场对法战争。

但是，英国人却律法严明地将这位他们不想要的寻求庇护者一把推上了"诺森伯兰号"，并一路向南航行，几乎一直航行到了南方的尽头。虽然被安置在世界的另一端，拿破仑还是开始学习英语，以期成为一名乡绅。到了1816年3月，他已能用英语写信向拉斯卡斯报告说："六个星期以来，我学习英语但我进步不太大。六个星期就是42天。如果每天学50个单词，我就知道2200个单词了……"他的数学通常还算扎实，但用英语表达时也出了娄子（每天50个单词，六个星期应该学会2100个单词）。信件结尾，他表明自己的观点："您应该会同意学习一门语言非常辛苦，必须从年轻时学起。"有可能，他曾经想过要冒充岛上的本地人，消失在人群中。但就算有这种想法，他也不得不放弃。1816 年 10 月，他承认输给了英语，所有语言的得分，也就被他完美地控制在了零上。

或许拿破仑对于再次被英国人背叛、被推出英格兰并不觉得意外，因为看起来他的愿望似乎也有可能实现。这是可以想见的。"诺森伯兰号"随船医生巴里·奥米拉第一眼看到圣赫勒拿岛时，觉得"再没有什么能比这座岛屿的外观更荒凉、更让人厌恶的了"。拿破仑则更豁达冷静、随遇而安，还带有些许苦涩的幽默。"这不是吸引人住下来的地方。我该做得更好些，好留在埃及。"

他开始考虑自己在这个荒岛上究竟该做些什么。在接下来的十八个月里将会成为他最亲密伙伴的拉斯卡斯伯爵，提醒他可以把自己史诗般的一生写下来。甚至早在登岛之前，拉斯卡斯就已经在秘密策划他的畅销书《圣赫勒拿岛回忆录》（*Le Mémorial de Sainte-Hélène*）了。弗里德里克·马森说这位职业外交官愿意陪同拿破仑流放的动机"仍不清楚"。但拉斯卡斯对于自己的动机倒是相当坦率的。作于流亡伦敦期间的《历史地理图集》（*Atlas historique et géographique*）一书，曾让他享誉海峡两岸（拉斯卡斯说拿破仑阅读此书时"enchanté"〔入迷〕，还认为他应该让这本书成为所有学校的必读书）。现在，身任第一帝国"宫廷内侍和参政院查案官"的他，又看见另一次强制流放在向他招手，这是又一个大好时机。而且，拿破仑还是一个肯定不会错的题目。对这位作家而言，拿破仑存在方式的不利之处，只在于它的速度和"素材过分丰富"。当这位未来的传记作者还在记录这一场战斗时，他就已经转战下一个战场了。当然，战败和监禁的好处也难以估量，可以要求拿破仑放慢速度、回忆往事，不要制造那么多新素材。他实际上把自己与这位前皇帝的对话看成是准身后之作，"最后披露的这些谈话，似乎已经是属于来世的了。"

拉斯卡斯也不是逃跑的强烈支持者，他不希望自己的题目从自己身边溜走。他自然更喜欢沉思的生活。"我们将会活在过去，"1815 年夏在驶往圣赫勒拿岛途中拉斯卡斯向拿破仑这样保证说，"这足以满足我们了。我们不是喜欢恺撒和亚历山大的生平吗？ 我们还会拥有更多：您会重读您自己，陛下！"

141

拿破仑很快就接受了这一看法。"那就这样！"他回答说，"我们来写我们的回忆录（*Mémoires*）。是的，我们必须工作，工作就是收割时间。毕竟，一个人应该实现自己的命运（拿破仑坚持以复数谈论命运），这是我的一大信条。来实现我的命运吧。"他已经做了足够多的田野工作，现在是呈现他的研究成果的时候了。这本书实际上还会自己写成。"我的人生是怎样的一部小说啊！"后来，他对拉斯卡斯说这是一个经典叙事，流星般急速崛起，灾难性地一败涂地。怎么能错过这个故事呢？它已经全在他的脑子里了（后来巴尔扎克也会这么说），问题只在于将它写在纸上。还在海上的拿破仑就已经登上了自传这艘船。他立刻就思如泉涌，口若悬河（拉斯卡斯竭力想跟上他）。当一路费力向南的"诺森伯兰号"在马德拉岛（Madeira）暂作停留时，拿破仑的想法已经非常成熟，他匆忙列出一份需要送往他的最后目的地的书单（尤其是 1793 年至 1807 年间的《箴言报》，用来核对相关日期），当然，相关费用自理。（此外还有约四百余册图书，主要是悲剧和小说，临时政府准许退位的皇帝在流放途中从朗布依埃〔Rambouillet〕图书馆挑选这些书籍。）书籍也是一种逃跑。

刚到圣赫勒拿岛时，拿破仑又变成了大独裁者。"我写不好，因为我受到两股潮流的撕扯，一是思想之流，一是墨水之流。我的思想快过我的手，我的字迹也变得难以辨认。所以我只能口述，很方便，像谈话一样。"于是，他开始依靠一队秘书和影子写手在他高谈阔论时把他的想法记录下来。蒙托隆描述说：

　　皇帝口述时，他会踱来踱去，低着头，双手背在身后。专注思考时，他的眉毛皱成一团，嘴唇轻闭。他踱步和口述的速度，取决于他脑中的思想。口述的内容没有记录下来，他就停不下来。他似乎并不关心谁在做记录，暂停口述时他只是让我们大声读出我们记录的内容。如果不幸有人读得不流利的话，他就表现出他的不耐烦。同样，如果不满意口述本的话，他也会不耐烦，还声称我们歪曲了他的想法，说我们不懂如何写作。不精疲力竭，他就不会坐下来。

他坚定执著，喜欢沿着一条思路一口气讲上十个、十二个小时（据贝特朗说）。甚至到最后，离他去世前不到一个月，他依然故我，夜复一夜。身为失眠症患者，他从午夜开始梳理自己的记忆直到凌晨四点，再从四点口述到七点。"状态最好的时候，"他对最后陪着他的医生之一阿诺特回忆说，"我能对四个秘书口述，让他们全都忙个不停。我是一匹真正的驮马。"

圣赫勒拿岛，半是流亡宫廷（阴谋和冲突乃题中应有之义），半是作家们的殖民地（苦恼和争斗亦复不少）。拿破仑自有约束他的军队的计划。他将不同阶段、不同时间、不同地点，从意大利到埃及，从昙花一现的独霸全欧洲（奥斯德立兹、与歌德会谈）到俄国大灾难及以后，分别分派给拉斯卡斯、古戈尔、贝特朗和蒙托隆。这是在平静中回忆出来的行动，而不是情感。另一个文学帝国在拿破仑手中成形，因为他不屈不挠地努力建构一个包罗万象的、百科全书式的、无可辩驳的、权威的宏大综合体。身为原始结构主义体系化者的拿破仑，梦想将亚历山大、汉尼拔、恺撒、古斯塔夫·阿道夫（Gustavus Adolphus）、蒂雷纳（Turenne）、欧根亲王（Prince Eugene）、腓特烈大帝，当然，还有他自己，合成一个连贯的叙事。他并没有创造什么，他的所有战役不过是基于几条简单原则的简单排列组合而已。他说，他并没有学到什么，但一开始他并不知道这一点。

不过，他的新体系，就像旧体系一样，甚至在其扩张之际，也逐渐开始四分五裂。拿破仑发现很难在此时此地与彼时彼地之间随意切换，所有规整的章节标题和人为的划界最终都混沌一团。很快，各小组成员之间也爆发了争执。古戈尔抽到了下下签——滑铁卢和俄国，这让他对拉斯卡斯充满了敌意，因为拉斯卡斯似乎拿到了所有的棒棒糖，如科西嘉和意大利。尽管如此，有一段时间，或更准确地说有好几段时间，还是实现了某种文学小乌托邦。拿破仑说，如果他还能再活一次的话，他愿意住在巴黎的拉丁区，永远像学生一样，去剧院，参加沙龙，和其他文人交流新书中的妙语警句。就像埃及学院是巴黎法兰西学院的延伸一样，拿破仑努力让圣赫勒拿岛成为边远村落的左岸。岛上总督赫德森·洛（Hudson Lowe）也对贝特朗说："他创造了一个想象中的西班牙，一个想象中的波兰。现在他还想要创造一个想象中的圣赫勒拿岛。"

圣伯夫称拿破仑"闲暇时是一个伟大的批评家"，而拿破仑在圣赫勒拿岛上的闲暇时间多得可怕。他举办高乃依和伏尔泰的读书会（蒙托隆夫人和古戈尔将军密谋毁掉《札伊尔》〔Zaïre〕，因为重读了太多遍），还评点从《圣经》（优美的寓言，但不够真实）到伯纳丁－圣皮埃尔的《保尔和维吉尼》（伟大的小说，混蛋的作者）的众多作品。他称赞荷马描写军事问题的准确性，但却不理会维吉尔"我歌颂战事和那个人"的郑重声明。他似乎最反对特洛伊的覆灭，他就像一直在试图重写结局一样（若换成《埃涅伊德》，他就想重写开篇）：特洛伊木马的故事难以置信，甚至突袭事件也不可能，"单是普里阿摩斯宫就能经受住好几天的围攻……烧毁特洛伊那样的城市至少需要两个星期。"他太期望能够永远坚持不妥协了。他还以某种超然的批评态度，钦佩自己作品的某些部分：

144　　　　他读着他的埃及通信，在第三卷。例如，其中有些信件是写给杜古阿（Dugua）的，他补充了很多来教育我们。"而且，"他说，"这是一篇漂亮的文章，后人定会重读这封信，历史会整页整页引用它。"

还有一次，他盖上装有《箴言报》（上面刊载了很多他自己的文章）的箱子盖，评论说："他们竟敢说我不会写作！"至少在圣赫勒拿岛，拿破仑还有对自己的处境感到满意、与世界和平相处的时候："无论如何，比起其它地方来，圣赫勒拿岛也许还是最好的地方。"

除了拿破仑之外，拉斯卡斯比其他任何流放同伴都与作家精神更合拍，他对圣赫勒拿岛田园牧歌、冥想沉思这一部分生活的追忆，总是充满崇高的忧郁。下面这段文字，摘自他1815年11月14日星期二的记录：

晚上，我们餐后散步回到他的房间，皇帝对我读了"临时执政"那一章，那是口述给蒙托隆伯爵的。读完后，皇帝拿出一根缎带，开始把这些散页扎起来。很晚了，夜的寂静笼罩了我们。我凝视皇帝，他仍在继续手上的工作。那一天，我的思想很容易就抑郁起来。我看着那双曾经挥舞过诸多权杖的手，如今却平静地、或许还不无愉悦地被整理散乱文稿这一卑微的任务所占用。他已经为那些文稿盖上戳记了，这是真的，有些事绝不会被人遗忘。

拉斯卡斯虽然遭受抑郁和古戈尔暴脾气的攻击，但他还是忍不住将自己的圣赫勒拿岛经历视为自己生活和艺术的一个顶峰："皇帝把他的所有作品读给我听，以亲密的口吻对我说话，有时还会问我有什么看法，我还真的敢于说出自己的意见！啊！我在圣赫勒拿岛流亡的日子，难道不是更应该让人嫉妒而不是被人同情的吗？"无论如何，从古典美学的（和斯多葛派的）慰藉的角度看，坏事变成了好事。拉斯卡斯从一开始起（还有结局）就意识到了这一点：没有圣赫勒拿岛，拿破仑就只是一个战士；需要圣赫勒拿岛将他转变为一个悲剧英雄，一个浪漫主义的名誉领袖。上升迫切需要一个相称的跌倒："拿破仑的政治失败极大地提高了他的道德名望。"从美学上说，拿破仑必须要变成失败者。所以，滑铁卢在拉斯卡斯这里，就像后来在维克多·雨果那里一样，成为了一种道德的（和美学的）胜利。"今天，再也没有人怀疑他的光荣了，他的不幸为他带来了无穷无尽的声望！！！"性格一贯平和的拉斯卡斯一口气连用三个感叹号，这可是非常罕见。过去的辉煌和现在的落魄（所以才期待未来的重生）之间的反差，毕竟是拿破仑的一个常见主题，可以追溯到埃及和埃及以后。

如果这一次错失这个主题，就是玩忽职守。

他们的第一个话题——当时还在前往圣赫勒拿岛途中——是科西嘉的童年时代。就像一生在眼前闪回一样，拿破仑回放到了出生那一刻。根据这一高度神话化的版本，他的母亲在一张毯子上生下了他，就像是《伊利亚特》中的某个英雄场景（他暗示说，如果换作《埃涅伊德》的话，就会改变历史进程）。这里有一个时代先后顺序的逻辑问题。但是，他评论说，从他在科西嘉岛的开始到在圣赫勒拿岛的结束之间也存在一种强大的连续性。无论是夺江山还是失江山，他几乎没有改变过，他还是那个年轻的、想要成为作家的人，想用自己的文字来撼动世界（即便不是形塑世界）。他还在思考那篇注定无法完成的《论幸福》，就算他允许自己怀着此文已经摘得金奖的想法，或者，好吧，就算没有得奖，他也将自己的整个一生花在追求另一种头等奖上了，即将这一理论付诸实践、走遍世界灌输那些能够增进幸福的观念和情感。而且，他还想着完成帕欧里的 <sub>146</sub>传记和科西嘉岛的历史。他给远方的人们写信要求寄书过来。货箱到来时是他最兴奋的时刻，他会用凿子、锤子连夜弄开箱子，狼吞虎咽其中的内容（他的岛上藏书多达 1500 册左右，但他说在这种环境下本可以达到 60000 册）。他还就埃及各大事件的经过与德热内特展开争论（隔得老远，在最新出版物的眉边页脚上）。他与拉斯卡斯的最后谈话之一，恰好又回到了他的起点："皇帝……以极大的兴趣长久地回顾了卢梭，论及他的才华，他的影响，他的怪癖，他的不道德行为。"拿破仑送给拉斯卡斯的最后一句话是："要幸福！"

拿破仑还思考了自杀这一违规逾矩的诱惑。"它到底是什么？不过是想要快点回到'他'（Him）那里罢了。"有时候，他的整个一生看起来都像是一次旷日持久的自杀未遂，以他小说主人公克列松的方式。他回忆说，土伦之后他正徘徊在想要结束所有一切的边缘，只不过碰巧遇到老校友马吉斯才把他拉了回来。他还透露说，自从从俄国撤退、被嗜血的哥萨克人追捕之后，他就在脖子上戴了一个装有致命药水的小瓶子。而且，他在黑暗忧郁的时候还真的喝过一次。"我是带着某种幸福感喝下它的。"看来，只有安详走入坟墓，幸福才会到来。不过，由于药效减弱，他又活了下来。1815 年，在枫丹白露时他再次想到自杀，希望借此避免法国内战。但是，"圣赫勒拿岛是我的命运"，圣赫勒拿岛似乎是他一直想、但却从未成功实施过的自杀的合适的替代方案。

或许，这可以部分解释何以拿破仑最终还是不想出门、不想要行动自由。圣赫勒拿岛只有限定的空间可以自由走动，而且还有英国人强加的各种限制，但所有这些约束对于拿破仑来说似乎还像不够多一样，他还要加上更多。面对岛上的围堵，他以把自己关在长林（Longwood）作为回敬，几乎闭门不出。"每一天他都在收缩原本就如此狭窄的运动范围，减少他的活动。"拉斯卡斯 1816 年记录说。所以，一旦他有所动作，也就非同寻常，可以快速简编成一种大事记：

　　1819 年　有一段时间，他开始从事园艺，破晓时分就把每个人都叫起来建喷泉。但他很快就又放弃了。

　　1820 年　他参加了一个派对。

　　1821 年　绝望的最后一搏，他在长林的沙龙中设计、制造、安装了一个跷跷板，与贝特朗和蒙托隆在上面荡来荡去。这只持续了几天时间，沙龙又回复到葬礼般的平静状态。

　　就这样。几乎就这些。有些作家喜欢把圣赫勒拿岛想象为东方后宫，皇帝被各种女人左拥右簇，她们不是他的妻子就是他的奴隶。但拿破仑的僧侣心态却超然得风轻云淡："我从来就不是追着女人跑的人"，他回忆说，如今就更不是了。"机器，"他说，"坏啦。"当然，说他以自我强加的麻痹弄坏了机器可能更准确些。

文森特·克罗宁将圣赫勒拿岛时期称为"富有创造力的时期"。这一判断无疑可以通过圣赫勒拿岛人的丰富产出而得到证实。鉴于高质量的大批量生产,圣赫勒拿岛"产业"这一说法丝毫没有夸大其词。不过,从一开始起,由于隐约感到大限将至("他迫切想在 20 天内完成 1800 册"),这里也出现了不满于他的强权专制的迹象。超级易怒的古戈尔似乎有牢骚满腹的正当理由。他从来没有做对过一件事。"我挨骂了,被打发去收集我工作的零碎资料。""我朗读了我写的滑铁卢一章。拿破仑郁郁不快。"表面看来,有些争执与文风问题有关,但实际上滑铁卢也总是最难写(不是说不可能写)的一章。"6 月 18 日(1820 年)这天让他想起了滑铁卢。他决定要修改他曾经口述给古戈尔将军的相关内容,然后花了八天时间重新叙述这一短暂但却具有决定性的战役。"

拿破仑一遍又一遍地重温,好像这么一来结局就会有所不同。古戈尔徒劳地重起炉灶,结果却总是一样:即将战胜威灵顿,突然出现的(是突然赶来的吗?)是布吕歇尔而不是格鲁希(Grouchy)("布吕歇尔!布吕歇尔!"),慌乱的撤退演变为溃败,返回巴黎,退位,圣赫勒拿岛,回忆,滑铁卢。没完没了,周而复始,就像数学公式一样同义反复。同样，俄国也是一个问题。尽管有贝特朗的鼓励，拿破仑还是心不甘情不愿："对于这场致命的战役我只有几句评论。"

其它章节（意大利、埃及战役）成形了，但当拿破仑朗读时，虽然他的听众们都礼貌地点头称是，他却发现某些东西遗漏了。早在1816年6月，"他的口述……似乎对他来说失去了魅力。"它们庄严，它们宏伟，但这些第三人称的军事回忆太过客观疏离，它们绝不是自白。（拉斯卡斯认为这种超然是一种美德："他谈及他的个人历史，就像已有三百年之久……他常常像第三者那样谈起自己。"）从政治上看，它们是可信的，但从美学上看，它们却是空洞的。只需对第二十九、第三十卷拿破仑书信集稍加浏览，就足以说明他的战争回忆录枯槁贫瘠，用里昂考官的话来说，不是缺乏真理而是缺乏情感。与拿破仑的全部作品都具有宣传意味这一常见的批评不同，回忆录过分客观，太多报道、日期、数字，过分依赖全知作者这一前提。对于这样一个明确致力于谋求、传播幸福的人来说，奇怪的是竟然遗漏了幸福，或不幸。而不幸，又是圣赫勒拿人关注的头等大事。难怪拿破仑想到了一些极端措施："他还没有想好该如何处理他的手稿。如果身临险境，他可能会焚毁他的所有文章。"万不得已，还有影子写手："阿尔诺将不得不接受为他的回忆录查补错漏这一工作。"显然，他对南大西洋时期的第一份草稿（"毛片"）并不满意。某些东西遗漏了，缺乏活力的火花。

最初，拿破仑的圣赫勒拿岛计划是一个军事概念，具有战略性，建立在全面控制和信息最大化的基础上。不能放任自流，应规划调动一切，人员、机器和数学都应顺利地各就各位。拿破仑将自己视为音乐大师，编曲、指挥、入场和退场、为表演者分配乐谱。不允许表演者即兴创作发挥。这一流水线具有某种程度的僧侣般的简朴，严格得几近于苦行僧特拉比斯特派（Trappist）（显然有一个人例外）。在这个远在天涯的黑塔中，拿破仑继续从事他灌输思想和情感的终生事业。

但是，从一开始，"像谈话一样"的口述就逐渐放弃阵地，完全让位于谈话。独白被对话所取代（俄国形式主义者巴赫金将会如此形容）。作者渐渐死亡，与其说是死于千刀万剐，还不如说是死于千万次的窜改、评定和反驳。拿破仑的"秘书们"非但不遵守他的命令、只限于记录他的回忆，他们还坚持插入自己的看法和印象。就像他的整个一生在他眼前再次重演一样，密谋反叛，公开起义，还有众声喧哗，严重破坏了他宏大的整体构思。拿破仑难以接受身为总作者的失败。悲剧成为今昔对比的固有部分，在劫难逃的感觉在圣赫勒拿岛再次上演。所以，有时很难分清拿破仑是在谈论帝国的衰落还是在谈论眼下他逐渐丧失对周围环境的控制："午夜梦回，当我想到曾经的我、想到现在的我时，您以为我就没有难过的时候吗？"

逃跑，也是谈话中的一个常见主题，一个现成的故事，一种消磨时间的方式。一旦提到这个问题，拿破仑就会和蔼可亲地加入游戏，幻想各种各样的情节。他设想自己身在美国，或是在南美洲打造一个新帝国，或是阻止哥萨克人席卷欧洲，或是装成普通人回到法国。他可能会成为科西嘉国王？但是，这些假设和他的口头禅"只要"的性质一样（例如，只要阿尔克陷落，他就是东方大帝了）。任何严肃的意见建议，任何切实可行的计划，立即就会遭到他的否决。没有任何逃犯——"这位"囚犯——秘密登船，失望的船长们只得驾船离开。同样，别的潜海计划，也消失得无影无踪。"待在美国只有暗杀或遗忘。我宁愿待在圣赫勒拿岛。"

对拿破仑来说，逃跑，如果有什么不同的话，它更像是一个问题而不是答案。是他的流亡伙伴、他的作家军团在想着逃跑，既想永久逃离此岛，又想逃离拿破仑的控制。"这里我们身在战场，"他对古戈尔说，"想在战斗中临阵脱逃的人……都是懦夫。"拿破仑清楚，他的战争不能靠大炮来解决。"从前人们害怕强暴、杀戮和劫掠。那就是战争。而如今，现代战争显然有股玫瑰水的味道。"他还能更热情洋溢地形容这种情况，一天，他说："没有大炮也能获胜。"圣赫勒拿岛的冲突主要是口头上的，尽管如此，却也同样冷酷无情，最终也是致命的。

年轻莽撞、暴躁易怒、偏执多疑的加斯帕·古戈尔（Gaspard Gourgaud）承认自己曾在詹姆斯敦（James-town）的妓女身上满足性欲，是他第一个跳出来反对对文学玫瑰水的狂热，他认为这种狂热就体现在拉斯卡斯身上。他，古戈尔，巴黎综合理工大学的毕业生，是战士而不是作家。难道不是他英勇效忠皇帝、游过别列津纳河、三次负伤、枪杀一名逼近拿破仑的哥萨克匪徒、救了拿破仑一命吗？（拿破仑称不记得这件事了，古戈尔愤怒不已。）而拉斯卡斯，"小耶稣会士"，不过是一名抄写员而已。古戈尔是第一个发现拉斯卡斯别有用心的人："他不过是一个作家罢了，他的计划就是收集趣闻轶事，然后结集成书，为自己获取名声。"不过，他也坦率承认拿破仑并不觉得这种关乎写作艺术的动机有什么可耻之处，拿破仑还直接把这种动机比作他那些最有献身精神的士兵："哈！ 德鲁奥（Drouot）总是一直冲在炮火最前方，您以为他是因为爱我才这么做的吗？ 他也想让他的名字挂在每个人的嘴边。"

古戈尔发现拿破仑令人难以理解地喜欢（在他看来是偏爱）拉斯卡斯。有可能，他觉得拉斯卡斯应该写他，写古戈尔的故事："贝特朗向我保证说皇帝是我们所有人中最悲惨的一个。在我看来，我相信我要悲惨得多。我乐意拿我的命运与他的相交换。"比起其他人来，古戈尔更卖力地怂恿拉斯卡斯卷入一场多半会引人注目的大事件中去（通过他的仆人偷运秘信出岛），但此事因 1816 年 12 月拉斯卡斯被迫离岛而告结束。最后，古戈尔和拉斯卡斯之间似乎建立了一种友好关系。"虽然我是他的敌人，"古戈尔写道，"我还是为他所遭受的不幸而深感难过。"1816 年 12 月底，当拉斯卡斯最终被逐时，"总而言之，他和他的儿子在我面前总是举止有礼。我忘记了我的所有敌意，遗憾地看着他们离开。"就古戈尔而言，他们的和解很有可能归因于他逐渐意识到自己也有成为作家的潜质。"整个早上我都在工作……我们必须完成滑铁卢的叙述。皇帝已经设法将它送到了英格兰，将会用法语和英语出版，无疑会给我带来名声和财富。"

古戈尔越来越担心失去接近拿破仑的机会。他下意识地怨恨其他陪拿破仑下棋的人、饭桌上坐得离拿破仑更近的人。有人认为古戈尔是同性恋者，因对拿破仑的欲望受挫而备受折磨。（主要是根据古戈尔以阴

152

性人称代词"Elle"〔她〕而不是"Sa Majesté"〔陛下〕来指称拿破仑。）拿破仑自己也说过古戈尔"爱上了我"的话，他们之间还有过充满激情的争吵：

拿破仑："我更喜欢蒙托隆而不是您！"
古戈尔："我只请求您不要羞辱我！"

在没有使用麻醉剂就被奥米拉拔掉一颗牙时，古戈尔也坚强地没有哭喊一声，但他日记的每一页，都在为那些想象中的冷遇而哭泣。由于缺乏拿破仑的陪伴，他的日记内容让人联想到波德莱尔或萨特的《恶心》，"Ennui"（无聊）可能是他最偏爱的一个词。1816 年 7月 9 日星期三，他写道："Ennui。"第二天也是由"Grand ennui"（太无聊）组成。11 日，则是"Ennui, mélancolie"（无聊，忧郁）。其它还有"下雨, ennui"，"悲伤, ennui"，"beaucoup d'ennui"（非常无聊）。总而言之，在所有回忆录作者中，古戈尔可能才是最真情流露的人，肯定也是最抑郁的人。但是，就像拉斯卡斯一样，他为自己的冲突找到了慰藉——成为畅销书作者。

拉斯卡斯走了，古戈尔将自己愤怒和忿恨的能量转移到蒙托隆身上。用古戈尔明确的文学隐喻来说，蒙托隆成为"我所有不幸的作者"。他挑战他进行决斗，蒙托隆却设法远离决斗，这次轮到古戈尔离开了，他发现自己是被拿破仑下令驱逐的。有人（即古戈尔日记的编辑，对古戈尔深表同情）认为古戈尔肩负皇帝授予的秘密使命而回到欧洲。为了赢得新信徒，他必须看起来像是一个怀疑论者；为了捍卫拿破仑，他必须攻击他。如果此说属实，那古戈尔也未免太成功了。与悲伤的拉斯 卡斯到处写信、请愿不同，古戈尔不断向那些愿意听他说的人声称拿破仑只是在装病，随时都有可能逃跑，这实实在在地恶化了拿破仑的监禁环境。马森斥之为"一时兴起的胡言乱语"。但古戈尔自己也明确表态说，这是他们之间的战争，更准确地说，是"我们的小册子之间的战争，而拿破仑在这方面才华横溢"。

就像滑铁卢一样，拿破仑再次敌众我寡，身后总有一个布吕歇尔在偷偷靠近。他肯定幻想过他们很多人倒地身亡，只剩下自己一个人驰骋疆场："在军中，我常常看到正在与我交谈的人当场死亡。"他还不断重新杀回到总作者模式："所有那些工作，所有那些奇迹，都应由一个人来撰写。"于是，有了他那个关于太阳和各大行星的天文学隐喻，"没有人能够支配我，"他对古戈尔咆哮道，"您想成为这里所有一切的中心，就像被行星围绕的太阳一样。但那是我的位置，我必须是中心。"

不过，作者之死并不像这幅画面所意味的那样是灾难性的。圣赫勒拿岛是拿破仑的第二个滑铁卢。但如拉斯卡斯所说，失败中也有某种胜利。拿破仑放弃他在卢梭、夏多布里昂、斯达尔夫人身上所见的总作者模式，打算成为一个非作者型的作者。抱着这种心态，他开始把他的作品视为合作性的，是互文的、集体的，而不是绝对单一的、支配性的。他满足于委托、促进和传播，简言之，就是生成文本的多样性，统摄于一个共同的主题和修辞，立场褒贬则不求一律。他知道，"纪录"（Memorials）注定会使"回忆录"（Memoirs）黯然失色，所有那些纪录文本都是以其它名义再造拿破仑。例如，他知道拉斯卡斯一直坚持写日记。"有一天，他让我读几页给他听。"他的反应呢？"他没有不高兴。"拉斯卡斯将日记呈交拿破仑修改（拿破仑坚持认为，au contraire〔恰恰相反〕，滑铁卢时我的人打得再好不过了）。拿破仑积极参与这一计划，还将之与回忆录的命运联系在一起。"皇帝私下里对没收日记非常生气。"拉斯卡斯被捕后古戈尔这样写道。

拿破仑将圣赫勒拿岛与作者的多元化观念联系在一起。不过，当他想要写作自己的作品时，他就把它放在别处。小说与逃跑成了同义词。所以，1816年6月他对拉斯卡斯说："（等他到了美国）他就真正自由了……他终于可以写他的小说了。"他甚至还想过他会在英格兰安顿下来写小说。他没有透露他会写什么样的小说，有可能是他向歌德推荐的那些"素材"，也有可能是《克列松和欧仁妮》的续集。放弃逃跑的念头，也是放弃小说、屈从于圣赫勒拿岛互文文本的另一种方式。其他人，几乎是其他所有人，实际上都会为他写一部小说，他将是其中的一个角色。

拉斯卡斯恨自己没能将谈话中的某些闪光点记录下来，担心这些闪光点将会永远消失。实际上，在拿破仑看来，它们全都闪闪发光。所以，本着涸泽而渔的态度，拿破仑坚称贝特朗没有丝毫遗漏（"他称赞大元帅，说他记下了他们在他床边的谈话"）。被古戈尔视为冷若冰霜（"glacial"）的贝特朗将军，尽管不太情愿，却也成了后帝国时期后作者对话的大师。贝特朗以自我谦抑的第三人称写作（他总是"le Grand Maréchal"〔大元帅〕)，是圣赫勒拿岛上拿破仑所有对谈者中最忠实的一个：首先，他总是任劳任怨（尽管他的英国妻子可能与皇帝保持一定距离）；其次，尤有甚者，不管内容多么阴郁、多么没有闪光点，他都以最大限度的精确性和坚韧不拔的精神顽强地将他与拿破仑的谈话记录下来。从意大利、埃及到厄尔巴岛、圣赫勒拿岛，贝特朗一直 <sub></sub>155<br>效命于拿破仑麾下，他对拿破仑的最后效劳则是成为他每一次灌肠和呕吐的一丝不苟的见证者。他的圣赫勒拿"录像带"，没有遗漏任何尴尬的崩溃场景，甚至没有遗漏那些淫秽段落，如拿破仑称贝特朗的妻子是个妓女，想和每一个路过的水手乱搞一气。在拉斯卡斯眼中，拿破仑仍然是一个诙谐机智、妙语如珠、深刻犀利的演说家，一个自我辩护的大师；但在贝特朗无知无觉的笔下，拿破仑则成了一个真正的受害者，一个山穷水尽、走投无路的男人，完全濒于崩溃的边缘。贝特朗或许还是第一次听到"foutre"（操）、"con"（屄）等词肆无忌惮地满天飞。

贝特朗似乎是奉命行事，在日记中记下了谈话的所有细枝末节。但他对自己能否胜任这份工作心存怀疑。"皇帝需要的，"他非常焦虑地思考说，"是身边有一个真正的文人，如阿尔诺或德农，他们才是严肃的职业作家，将写作视为荣耀之阶。"其他人或许也帮忙削弱了他的自信心，"你们中没一个人会写作！"蒙托隆夫人的这一尖刻评论包括了圣赫勒拿岛上的所有蹩脚文人（或许她丈夫不在此列）。

某些时候，似乎拿破仑也表达过同样的意思。"皇帝认为我不懂他语言中的省略号。"在拿破仑看来，古戈尔的错误在于掩盖差异和矛盾，制作平头正脸的转喻叙事。贝特朗则全是裂缝罅隙。所以，不足为奇，贝特朗的作品直到 1949 年才出版问世；贝特朗本人也该对自己的记录底气不足，因为就十九世纪的标准而言，这样的对话录可谓独一无二。

在贝特朗笔下，缺席成了拿破仑谈话的一个常见主题，也许是因为这一主题不仅与他的妻儿有关，更多时候还与那些住在圣赫勒拿岛上的人有关。最后阶段，拿破仑非常关心别人是否溜走、逃离他的控制：

> ——他在这里吗？ 156
>
> ——不在。
>
> ——那他走了？
>
> ——是的。
>
> ——去了英格兰？
>
> ——是的。
>
> ——为什么？
>
> ——因为他被他的政府召回了。
>
> ——也就是说他不会再回来了？
>
> ——是的。
>
> ——那我们也不会再与他有任何联系了？
>
> ——是的。

拿破仑隐约感觉到，悲剧似乎就在于谈话的结束，因为他的对话者们一个接一个地抛弃了他们的将军。

——奥米拉在吗？

——他已经离开了。

——啊！我都没见到他。您见过他了吗？

——见过了。

——他向您辞别了？

——是的。

——谁让他走的？

——总督。

——为什么？因为他和我们走得太近？

——是的。

——那么，他还会回来吗？

——不会。

——蒙特谢尼（Montchenu）在吗？

类似的对话继续出现，二十遍，三十遍，周而复始，来来回回。拿破仑拼命想要知道并记住岛上居民的准确详单。贝特朗尽量记下这些对话，至少是制作了一种一百多年后我们才会在卡夫卡和海明威的短篇故事中，尤其是贝克特的戏剧中再次看到的文本。这些准身后之作的、半启示录的、荒诞主义的对话，呈现了我们在现代性中所见的那种面对深刻的虚无感时人类心灵的荒凉景象。如果可以用一句话来总结所有这一切，来形容拿破仑努力对抗他的思想和人格的消逝，这句话将会是克拉克（Clarke）、库布里克的电影《2001 太空漫游》中电脑哈尔（Hal）的一句台词，当哈尔的大脑系统被拔去电源时，他说："我能感觉到它正在消失……"

 

    ——这艘船是运柠檬的吗？

    ——不是。

    ——杏仁？

    ——不是。

    ——石榴？

    ——不是。

    ——葡萄？

    ——不是。

    ——葡萄酒？

    ——不是。

    ——这么说它什么都没运来？

    ——牲畜。

    ——多少头牛？

    ——四十。

    ——多少只绵羊？

——两百。

——多少只山羊？

——没有山羊。

——有母鸡吗？

——没有。

——那它还是没有运来什么东西？ 运核桃
了吗？

——没有。

——我相信有核桃，来自寒冷的国家，杏仁来
自温暖的国度。这里的柠檬好不好？

——好。

——石榴呢？

——有些石榴还是不错的。

——这艘船运柠檬、石榴、杏仁了吗？


就像在科西嘉岛一样，在圣赫勒拿岛上也是人岛合
一。拿破仑英勇地想要记住进进出出的所有一切，就像
它们就是他意识的一部分一样。有人死了，有人离开
了，岛屿逐渐腾空了与拿破仑有关的一切。从这些对话
中可以感觉到，如果岛屿清空了，死的时候也就到了。
圣赫勒拿岛与拿破仑的自我变得不可分离。拿破仑曾对
古戈尔说，人，归根结底，不过是被太阳烤热的泥巴的

158

变体罢了。

拿破仑肯定希望最终能以自己的语言胜出。古戈尔和他曾就语法问题长谈至深夜，古戈尔通常都会利用他们在规则上的分歧而打败拿破仑。"陛下认为，当一个形容词同时修饰两个名词时，该形容词就必须使用第二个名词的性别。我则以 Un home et une femme bons（一个好男人和一个好女人）为例，提出不同看法。"拿破仑被迫让步，改变态度。不过，必须是语言本身有语病才行。"naval（海上的、航海的、海军的）的复数形式为什么不可以是 navaux 呢？"他很遗憾没有致力于改良法语，让它变得更有理有序，消除例外情形。"法语不是一种精心设计的语言。有机会的时候我真该好好修理一下它。"太晚了，语言早已失去控制，乱成一团，而且也不可能在他的指挥下修好了。

基于同样原因，他也很期待被其他人背叛。他不再是作家，而是被人书写的对象，所以也是重建的主题。在圣赫勒拿岛，他的大多数时间都用来阅读那些描写他自己的作品，有时候也读读那些托名于他的作品，如颇受欢迎、貌似可信的《以不为人知的方式来自圣赫勒拿岛的手稿》(*Manuscrit venu de Sainte-Hélène d'une manière inconnu*)，此书作者说法不一，有人说是塔列朗、斯达尔夫人，但实际上应是瑞士人卢林·夏托维耶（Lulin de

Chateauvieux）。囚禁期间，出现了无数与他有关的伪书和误传。读到夸张捏造的《波拿巴秘密情史》时，他放声大笑，书中他睡过的大多数女人他都不认识。（"他们把我弄成了大力神赫拉克勒斯！"）他欣赏同样也是出于虚构的《圣赫勒拿岛囚徒的箴言与思想》（*Maximes et pensées du prisonnier de Sainte-Hélène*），还想过采纳其中内容。偶尔他还会又惊又喜，因为对他的认可和欣赏并不常见，如帕克（Parke）、赫尼曼（Hormemann）所著的《非洲之旅》。"书中慷慨有礼地谈及那些事实，这令皇帝非常满意，他早已习惯看见自己的名字与那些污言秽语连在一起了。"他还时不时地加批注、作修改（如批改伯纳多特〔Bernadotte〕将军的回忆录），写下些严厉的牢骚抱怨，但大多数时候他对那些歪曲之词都泰然处之。它们都是这个大游戏的组成部分。

威廉·沃顿（William Warden）医生的作品《写于陛下的"诺森伯兰号"船上和圣赫勒拿岛上的书信》，让他觉得很好笑，虽然古戈尔气愤地指出书中那些所谓的对话没有一句真实发生过，因为"沃顿一句法语也不会说，而陛下一句英语也不会说"（所以一定是抄自拉斯卡斯的诽谤）。"他是一个作家，"拿破仑也对贡斯当（Constant）抱理解之同情，"他必须要写，他必须要评论功过是非。"本着同样的超然态度（拉斯卡斯说："他

226

能与他最凶残的敌人结为盟友。"），拿破仑甚至还为夏多布里昂感到遗憾，因为他没能把他的檄文写得更好："这个人没有足够的逻辑来写好一篇严肃的政论文。他会点缀些鲜花，但鲜花不够，需要逻辑、严谨和无情的逻辑！"

同样，被自己的同伴辜负或牺牲的念头从一开始就有了。如他所言，他就是当代的耶稣基督（拜访英国使馆时他曾对阿美士德勋爵〔Lord Amherst〕说："您把一顶荆棘冠戴在我头上，让我成为了又一个耶稣基督。"），那他一定预料得到他的门徒中会有犹大。像所有人一样，拿破仑清楚地知道，崇拜需要一具尸体。他是第一个明确提出下毒论的人（斯文·弗什福德〔Sven Forshufvud〕将在1960年代采纳这一说法），这种看法甚至渗入了他的话语主题。他常常指责他的某位侍从，甚至总督赫德森·洛"毒害"长林的空气。疾病成为支配性的比喻，言论也被视为无意识的排泄和呕吐。拿破仑向蒙托隆抱怨说没人喜欢他，他认为"心灵毒药对我的效力远远超过一剂砒霜"。当古戈尔脱口而出"毒药是懦夫的武器！"这样的话来时，心中所想的或许就是蒙托隆。

接着，蒙托隆被视为所有长林住客中最可疑的人，很有可能还是参与暗杀拿破仑阴谋的特工。马森认为，

160

*227*

蒙托隆充其量只是一个流氓无赖、掘金者而已，他把他的回忆录卖给了出价最高的人。毫无疑问，他是他们中最大的剽窃者，他把其他人的谈话东抄西补连缀成文。而且，他的确喜欢预测拿破仑之死："与从体内吞噬他身体的疾病作战，恐怕为时已晚。"但即便是当时，他的模棱暧昧也是让人一目了然的。蒙托隆根本就无须掩饰，他甚至还有可能对此自吹自擂。他曾不以为然地对古戈尔说："我们必须等待，必须掩饰自己。"他还公开承认拿破仑的遗嘱是他一手操控的："蒙托隆说皇帝神志不清。可以说，这个遗嘱不是皇帝拟定的，而是蒙托隆口述给他听的。"他的履历——保王党背景，渴望为波旁王朝效力——毫无争议。或许正是这种道德上的不可靠性、不可预测性使得拿破仑对他青睐有加，几乎是欣赏、纵容他的背叛。古戈尔既愤恨于蒙托隆的暧昧，甚至更愤恨于拿破仑对他的容忍。拿破仑认为蒙托隆是"假面舞会"的一部分，这种感觉相当敏锐。没有人表里如一，也没有人应该表里如一。拿破仑甚至还鼓励古戈尔少点坦率、多点狡黠："要想在这个世界成功，必须做个江湖骗子。"拿破仑不假思索地认为人人都在搞阴谋诡计，甚至还建议（作为一种治疗手段）古戈尔不要想得太多，想得太多容易发疯。阴谋才是事情的正常状态。唯一的问题只在于，他，拿破仑，已经不再是幕后主脑了。

或许每个人，甚至包括他最忠实的支持者，都希望拿破仑能在某个阶段死去，古戈尔就认为他应该死在滑铁卢。无论出于什么考虑，或无论什么原因导致了死亡（气候，抑郁，基因遗传，人的意志力，毒杀），显而易见的是拿破仑拥抱死亡，默认它的权威："您不觉得死亡是上天赐给我的解脱吗？我不怕死，但我既不想加速求死，也不想挣扎求生。"就像蒙托隆一样，他多年来一直预测死亡。"我的终点越来越近了"，"我要死了/被暗杀了/牺牲了"，诸如此类的说法越来越常见。所以，几乎可以想见的是，拿破仑陷入了他的过往/未来这一思维模式之中："想想看，在我与你们谈话的这一刻，我就能飘回到杜伊勒里宫，我看见它们，看见了巴黎……从前我说过我可以未卜先知，就是现在这样。"就像他能回望他的起点、他的中年一样，他也能展望他的终点。这种终结（实际上旷日持久）感，弥漫在整个圣赫勒拿岛。

尼采"死后写作"的梦想，是拿破仑的现实。整个圣赫勒拿岛时期，今天我们读起来就像是一篇巨大的墓志铭。英国政府和拿破仑团队之间的争论持续了整整六年，争论核心就是这位囚犯所有作品的封面上应该出现什么名字（还有与他通信时应该怎么称呼他）。法国团队主张用"Napoleon",或直接用"Emperor";英国人则坚持用"General Bonaparte"或"Buonaparte",禁止采用除此之外的其它任何称号。在伦敦,他只是一位曾经的将军,其它名号都是附加的。而在巴黎,在作为巴黎的延伸的圣赫勒拿岛,这些附加的名号才是不可磨灭的,其余一切都是次要的。

拿破仑死后,继续这一争论更合时宜。对遗体的解剖并无定论(继之以"后—后—尸检")。肝脏和心脏被摘除,阴茎和睾丸也被摘除(据说是为了防止收藏者增加他们的藏品)。石膏铸模留下了面容,他死时看起来年轻得令人觉得奇怪。1821年5月9日,所有剩下的演员,既有法国人也有英国人,见证了拿破仑被安葬在一片靠近泉水的柳树林中,这是他生前喜欢的地方。但是,名号这个棘手的问题,不可能达成一致意见。皇帝的随从们主张应称"NAPOLEON",附以生卒年月;赫德森·洛则只允许使用"BUONAPARTE"。如司汤达所说,两个名号都恰当,符合他的不同人格(他自己更偏爱"波拿巴将军")。但名誉攸关,双方都不肯让步。最后同意留下无字墓碑。与巴黎荣军院内高度文本的、标志性的墓地形成鲜明对比的是,圣赫勒拿岛的拿破仑墓,既没有姓名也没有墓志铭。这就像是针对作家们的公开邀请,也是一种挑衅:在墓上书写。

拿破仑匿名而死。或许他也想到过这个问题，去世前一天晚上，他最后的谈话正好转到名字这个问题上来。他脑中一片空白，完全放空到空无。他对名字、对谁是谁等问题尤其糊涂。他拼命回忆，在仆人马尔尚（Marchand）耳边低语道："我的儿子叫什么名字？"对这个问题的回答是"拿破仑"。

　　拿破仑一世对拿破仑二世（他将英年早逝）成为一名作家抱有很高期望。"我很快就会被人遗忘。历史学家很少会谈到我。或许，如果我的儿子大权在握，他就会写下我所做的一切。"

墓志铭

　　闲暇时的拿破仑或许是一个伟大的批评家，但在很多方面他又是一个令人沮丧、令人困惑的批评家，应对他需要全力以赴。阿尔诺回忆他们在"东方号"上关于荷马和裴相的争论时说，拿破仑的文学分析是"一种智力击剑术，他不太关心呈现真实，更在乎卖弄他的精微玄妙"。当时拿破仑还点评了阿尔诺知道、喜欢、自以为很了解的一首诗，"等他分析完后，我就再也不明白这首诗了。现在我还是如堕雾中。"拿破仑的整个一生也具有同样的神秘的解构性，能让简单的历史文本变得晦暗模糊。甚至拿破仑也被拿破仑蒙在鼓里："我很难以断定自己那些未经编辑的思想究竟有多少准确性。"其他人不会觉得有这么难。这位失败的作家的死亡，为许许多多失败的拿破仑们打开了一道文学闸门。

　　"我死后，"拿破仑说，"我的身体会成为一根萝卜，或一根胡萝卜。"实际上，他觉得自己在圣赫勒拿岛时就已经死了，已经处于一种准植物状态："我已经在这里过了六年单调呆板的生活。"这座岛屿是物质主义者与非物质主义者激烈争论灵魂是否存在的一个场所。拿破仑对此持怀疑态度："如果有人把钉子捶进您 的大脑，您就会疯掉，您的灵魂又在哪里呢？"拿破仑认为，如果人只是被太阳烤热的泥巴的话，早晚也会尘归尘、土归土。死亡是宁静，也是遗忘。

他还知道，就像完美的帝国一样，完美的虚无也是难以实现的。他觉得成千上万的作家将会立即回收利用他的死亡。"我的死将会引发有利于我的普遍反应。"就像他自己的作品《先知的面具》中的哈克默一样，他期望他的支持者们能让他复活。拉斯卡斯关于"失败的成功"的悖论扩充为死亡的再生潜力。拿破仑曾对古戈尔说道："人会死，也会复活，这在某个时期内是极有可能发生的事。"他没有预见到的是一个人还会回到死亡。拿破仑之死，使得死亡风靡一时，更糟糕的是，风靡一时的还有葬礼。

第二个拿破仑——拿破仑二世，"罗马王"，埃德蒙·罗斯丹（Edmond Rostand）眼中的 L'Aiglon（雏鹰）——注定英年早逝，但拿破仑的其他替身（以及其它帝国）又涌现出来填补空缺。拿破仑症候群普遍流行，作家是首当其冲的受害者，从司汤达（曾效力于拿破仑麾下)、雨果(他的父亲曾效力于拿破仑麾下)、巴尔扎克（最拿破仑式的小说家，他的"人间喜剧"〔Comédie humaine〕模仿了帝国)，到似乎最不太可能的亨利·詹姆斯（他只是在临终时才声称自己是拿破仑)。亨利·詹姆斯曾在最后的信件之一中署名"拿破仑"（用的是意大利语的拼法)，信中希望能在卢浮宫、杜伊勒里宫进行写作。"卓越之事"（詹姆斯这样形容死亡）与拿破仑难分难解。"是的，我想成为拿破仑，"陀思妥耶夫斯基《罪与罚》中的拉斯柯尔尼科夫说道，"这就是为什么我会杀人。"不过，比起杀戮来，死亡更能激发人。十九世纪变成了一个长长的送葬队伍，一出死亡大戏（snuff drama)，一个恋尸癖的天堂。如果有所谓拿破仑崇拜的话，这个崇拜也是一种死亡崇拜。

从内到外的虚无，所有宏大言行背后潜藏的空虚和不真实，这些念头早在拿破仑去世之前就一直萦绕在他心头。语言不是用来谈论真实的，而是乡愁和梦想的国度。历史真实，归根结底，不过是"一种公认的虚构"而已。拿破仑在场时，缺席这一主题就已然在场了；当他缺席时，这一主题又充斥在知识、政治的景观中。总有些事情被遗漏了，他的这一看法因死亡而变得更为可信。无实体的拿破仑，开始将那些缺失具体化。这种看法盛行一时，以至于变成了一种流行的准神学消遣，人们都想要证明实际上拿破仑原本就从未存在过，从一开始他就是一个神话，是具有虚构实体的太阳神或尊贵军衔的化身。司汤达《巴马修道院》(*La Chartreuse de Parme*, 1839 年)中的主人公就曾将这一固恋付诸行动，他在滑铁卢寻找拿破仑，却一无所获。皇帝消失，是十九世纪小说核心深处的一个谜团。与其说小说家们欢呼的是一个想象中的黄金时代，还不如说是因黄金时代消逝而生的解脱感。从某种意义上说，托尔斯泰猛烈抨击拿破仑的《战争与和平》甚至是那些公然亲拿破仑的小说的典范：从美学上看，除掉皇帝是好事一桩。甚至巴尔扎克也有点像威灵顿。

确立神话的真实性并将神话的残留带回法国变得事关国家荣誉。1840 年，一度失宠的古戈尔将军以某种气度重回圣赫勒拿岛。他的任务是完成拿破仑想要葬在塞纳河畔的心愿。古戈尔、贝特朗元帅、拿破仑的几位侍从、儒安维尔亲王(Prince de Joinville)等人看着他的遗骸(外科医生们的影响远大于地下的二十年)被费力掘出，用船运回巴黎。12 月 15 日，那天有阳光也有阵雪，古戈尔和贝特朗，连同大军团(Grande Armée)残部，护送灵柩来到巴黎荣军院。贝特朗将皇帝的宝剑放在棺盖上，古戈尔则放上了皇帝的帽子。拉斯卡斯尚在人世，但已失明(他的儿子代他回到圣赫勒拿岛，还向圣

赫勒拿岛冷酷的监狱长赫德森·洛提出决斗）。诗人维克
多·雨果则充当了这一代人的代言人。"剑客已死，思想
家登场。"他这样写道。

Géant（巨人）观在雨果的诗歌（《圆柱颂》〔Ode a
la Colonne〕、《他》〔Lui〕、《波拿巴》〔Bounaberdi〕）中
保持了活力，他还试图在《悲惨世界》（*Les Misérables*）
中重写滑铁卢。他曾预言说："我们将为您举行一场美
好的葬礼。"（或"好几场美好的葬礼"。）现在，他正
尾随巴黎街头的送葬队伍穿过凯旋门（Arc de Tri-
omphe，1836 年建成）。他对过分强调军事感到失望不
已，觉得拿破仑再次遭到背叛。在他看来，这里有太多
的将军和元帅，太多的水手和军刀。鼓声和礼炮齐鸣是
一个错误（像是一出闹剧，第一声炮响就炸飞了一名国
民警卫队队员的双腿，因为没有人费心卸去弹头）。十
六匹马牵引灵车！八匹就够了。灵柩上的"黄金"是
假的。只有一个驼背的侏儒和一群衣衫褴褛的儿童高喊
"Vive L'Empereur！"（皇帝万岁），不是用力过猛，就是
火候不到；不是过于堂皇，就是过于廉价。

拿破仑不是政客之流，他太高大，而他们太渺小。
最严重的错误是那张绣有帝国蜜蜂图案的紫色巾幂，它
盖住了太多东西："它盖住了所有人想要看到的、法兰
西要求看到的、人民期望看到的、每双眼睛都在寻找的

拿破仑的灵柩。"灵柩变成了国家宝藏。作家和知识分子,尤其是雨果,应把拿破仑从军人、议员的手中解救出来,成为拿破仑真正的抬棺人和继承人。教化使命比以往任何时候都显得更有必要。"要靠我们来启蒙这个世界。"他说。有些东西甚至从拿破仑的葬礼上就遗漏了,雨果则将查漏补阙视为自己的毕生事业,或说得更准确些,这是他生死以之的事业。

面对拿破仑替身——Napoléon le petit(小拿破仑,拿破仑三世)——当政期间不可避免的惨淡现实,雨果被迫出逃到另一座小岛,这次是根西岛(Guernsey)。就像逃出厄尔巴岛一样,他最后也凯旋巴黎,并于1885年5月底死在巴黎。一条街道立即以他的名字命名,曾因拿破仑的某次胜利而重新命名的埃劳大道,更名为维克多·雨果大道,跻身于神圣谱系。5月31日,星期天,黎明,一辆贫民所用的灵车(他在自己的葬礼方案中强调了这一细节)载着雨果的遗体沿街而行,后面跟着他的家人和20名巴黎市政官、652名将军和大约10000名市民,灵车还在凯旋门下暂停了24小时供公众瞻仰凭吊。

灵柩停放在一个巨大的灵台上,灵台本身又架在覆以紫色巾幂的两个底座上,这样一来,整个灵台高及凯旋门拱,从很远的地方就能看到它,像是一座灯塔。十多位年轻诗人（包括坦格瑞德·马特尔〔Tancrede Martel〕，拿破仑《回忆录与作品》〔*Mémoires et oeuvres*〕的编辑）组成了石棺下的一支仪仗队，他们周围飘扬着众多横幅，横幅上全是让他们难以忘怀的雨果那些最伟大著作的标题：*Les Misérables*（《悲惨世界》），*Les Orientales*（《东方诗集》），*Quatre-vingt treize*（《九三年》），*Les Contemplations*（《静观集》），*Notre Dame de Paris*（《巴黎圣母院》）。

哀悼的人海从香榭丽舍一直绵延至协和广场。莫里斯·巴雷斯（Maurice Barres，爱国者联盟的创始人之一）以《离乡背井的人》（*Les Déracinés*）中的"一具尸体的社会美德"为题歌颂了雨果的葬礼。这部世纪末小说（1897 年出版）清楚地表明，雨果的尸体难免会让人想到另一具伟大尸体躺在荣军院墓地，那里是"我们称之为胆识、意志力和渴望的所有能量的汇聚地"。所有灵柩都让人回想起"那个"灵柩。周围的街道——耶拿，奥什（Hoche），弗里德兰，克莱贝尔，大军团林荫道（l'avenue de la Grande Armée）——似乎涵括了一整部历史。那一晚，随着人群成倍增加，哀悼变得更谄媚、更蒙昧，火炬手手中的火焰自下而上映照着那个黑暗的庞然大物。死亡崇拜变成了酒神仪式，变成了傅立叶式的欲望满足。香榭丽舍的长椅和灌木就是公众的狂欢现场(用龚古尔兄弟的话来说,是"狂乱的放浪",是"庞大的交媾")。就连那些被调来控制狂欢者秩序的警察也很快加入其中,脱掉了他们身上的制服。

历史正在重复自身,第一次是悲剧,第二次是性。巴雷斯对于这一"疯狂之夜"自有一套说辞:巴黎人,被残忍地夺走了一位天才,或许是急于尽快取代他,才会绝望地、狂热地填补空虚。而使出浑身解数试图取代拿破仑的雨果,则已为自己安排好了一个极乐出口,以实现拿破仑的另一个心愿。在约一个世纪前拿破仑提交给里昂学院的《论幸福》一文结尾中,一位垂死之人恳请那些尚在世者不要绝望:"希望我的坟墓不是悲伤之地,正相反,我的朋友们,让欢乐和甜美环绕着它吧……如果你们要离开,请照顾好我的骸骨,带它们一起走……再见了,祝福你们,愿我的祝福守望你们圆满幸福。"

# 参考文献

## 我，拿破仑

拿破仑的多元论者信仰，见罗德雷在其《日记》
(*Journal*, Daragon, Paris, 1909) 中的回忆，p. 16。阿尔诺
的献辞，见其《六十忆旧》(*Souvenirs d'un sexagénaire*,
Duféy, Paris, 1833)，卷 2，p. 301："Toi, dont la jeunesse
occupée/Aux jeux d'Apollon et de Mars,/Comme le premi-
er des Césars,/Manie et la plume et l'épée;/Qui, peut-être
au milieu des camps,/Rédiges d'immortels mémoires, /
Dérobe-leur quelques instants,/ Et trouve, s'il se peut, le
temps/ De me lire entre deux victoires." 阿尔诺还提供了
地中海航程的相关回忆。让·蒂拉尔的大量研究，见其
一卷本概述《拿破仑：救世主神话》(*Napoleon: The Myth
of the Saviour*, Weidenfeld, London, 1984)。 让·蒂拉尔

将拿破仑视为不成功的作家，这种看法可以追溯到乔治·勒费弗尔（Georges Lefebvre）的《拿破仑》（*Napoléon*, Presses universitaires de France, Paris, 1969, 1936年初版），p. 69："s'il n'avait passé par Brienne, il eût pu devenir homme de lettres."早期明显更具审美性的看法，见圣伯夫："Aujourd'hui que l'action est plus éloignée, et que la parole reste, celle-ci se montre avec ses qualités propres, et en même temps le souvenir de l'action y projette un reflet et comme un rayon."见其《月曜日丛谈》（*Causeries du lundi*, Garnier, Paris, 1868—1870, 14卷），卷1, p. 183（"Mémoires de Napoléon"〔拿破仑回忆录〕, 179－198）；《新月曜日丛谈》（*Nouveaux lundis*, Garnier, Paris, 1865—1869, 13卷），卷7, p. 261, 还认为拿破仑是一个批评家，《拿破仑神话》（*The Myth of Napoleon*, *Yale French Studies*, 卷26）也吸取了这一看法。米什莱"comédien"   170（喜剧演员）这一说法，是其《十九世纪史》（*Histoire du XIX$^e$ siècle*, Michel-Lévy, Paris, 1875）一书的常见主题。夏多布里昂的文学批评，见其小册子《论波拿巴和波旁王室》（*De Buonaparté et des Bourbons et de la nécéssité de se rallier à nos princes légitimes, pour le bonheur de la France et celui de l'Europe*, Mame, Paris, 1814), p. 50。司汤达写有两部关于拿破仑的作品，均未完成，一是《拿破仑的一生》

(*Vie de Napoléon*)，一是《回忆拿破仑》(*Mémoires sur Napoléon*)；他的小说《红与黑》(*Le Rouge et le Noir*) 也是对这一主题的思考。梯也尔夸言："Napoléon est le plus grand homme de son siècle, on en convient, mais il en est aussi le plus grand écrivain."这或许是将拿破仑视为作家的首篇文章，刊于《国家报》(*Le National*)，1830 年 6 月 24 日，转引自佩里维尔（A. Périvier）《记者拿破仑》(*Napoléon journaliste*, Plon, Paris, 1918)，pp. 4 −7。梯也尔后来会写作重要的《执政府和帝国的历史：1845—1862》(*Histoire du Consulat et de l'Empire* 〔1845—1862〕) 一书。罗德雷回忆与拿破仑讨论符号学问题，见其《日记》，p. 2。

## 第一章　幸福奖

第戎学院征文启事，这里有所删节，只录其主要内容；征文标题，也按照卢梭提交的征文题目略有改动，原本题为 "Si le rétablissement des sciences et des arts a contribué à épurer les moeurs"，见 1749 年 10 月《法兰西信使》杂志。卢梭对 "温森堡的启示" 的描述，见其《忏悔录》(Garnier, Paris, 1964, 雅克 · 沃伊森 〔Jacques Voisine〕主编)，第八章，pp. 415 −416，以及《写给马勒泽布的信》(*Lettres à Malesherbes*) 中的第二封信。拿破仑青年时代阅读《新爱洛伊丝》，见罗德雷《日记》，p. 165："*La Nouvelle Héloïse* est pourtant un ouvrage écrit avec bien de la chaleur, il sera toujours le livre des jeunes gens. Je l'ai lu à neuf ans. Il m'a tourné la tête." 希利（F. G. Healey）《拿破仑的文学文化》（*The Literary Culture of Napoleon*, Droz, Geneva, 1959）p. 20 中的脚注对此表示怀疑："考虑到他第一次来到法国时还不满十岁，能够阅读这部在当时以一种较为奇怪的口吻写成的大作，可谓表现得相当不错。"卢梭这部小说对青年拿破仑的深刻影响，亦见希利《卢梭与拿破仑》（*Rousseau et Napoléon*, Droz, Geneva, 1957）。1790 年 2 月 18 日《里昂报》上的征文启事，转译时也略有修改。 最初的截稿日期为 1791 年 4 月 1 日，后有所推迟。《论幸福》中表现出来的拿破仑的志向，见《默默无闻的拿破仑：1769—1793 年未刊稿》（*Napoléon inconnu, Papiers inédits 1769—1793*, Ollendorf, Paris, 1895, 弗里德里克·马森、吉多·比亚吉〔Guido Biagi〕主编，2 卷），卷 2，p. 327。拿破仑的笔记及其早期大部分作品，现藏于佛罗伦萨圣洛伦索（San Lorenzo）图书馆，马森此书是这部分资料的最重要参考文献；同样较为重要的，还有让·蒂拉尔主编的《拿破仑：文学作品与军事著作》（*Napoléon, Oeu-vres littéraires et écrits militaries*, Société encyclopédique 171 française, Paris, 1967, 3 卷)、阿兰·科埃略（Alain Coelho）主编的《拿破仑：文学作品》（*Napoléon, Oeuvres littéraires*, Le Temps singulier, Nantes, 1979）。对雷纳尔的谴责，转引自阿纳托尔·福格尔《大革命的先驱：雷纳尔神甫》（*Un Précurseur de la Revolution: L'Abbé Raynal*, Imprimerie ouvrière, Angoulême, 1922），pp. 267、278。雷纳尔的海上幻想，见其《东西印度史》（Geneva, 1781），卷8，p. 250。甚至雷纳尔自己也承认："Cette idée n'échappera pas au ridicule de nos esprits superficiels, mais est-ce pour eux qu'on écrit？"拿破仑写给雷纳尔的第一封信，转引自伊昂上校（Colonel Iung）《波拿巴和他的时代》（*Bonaparte et son temps*, Charpentier, Paris, 1880—1881），卷1，p. 162。伊昂上校认为这封信的写作时间早在1786年7月。阿瑟·裴格特《拿破仑的青年时代》（*La Jeunesse de Napoléon*, Armand Colin, Paris, 1897, 3 卷）怀疑此信的真实性，但福格尔确信无疑，还认为拿破仑与雷纳尔的首次会面不是1786年9月，就是1787年9月或1788年6月。拉斯卡斯伯爵，见《圣赫勒拿岛回忆录》（*Le Mémorial de Sainte-Hélène*, Seuil, Paris, 1968），p. 52，拉斯卡斯的记录虽有所粉饰但也不可或缺。沃波尔的信，为1772年12月29日写给艾尔斯伯里夫人（Lady Ailesbury）的信，见《霍勒斯·沃波尔

通信》（*Horace Walpole's Correspondence*, Oxford University Press, 1974），卷 39，pp. 167 - 168，引文略有删改。"一群软弱无力的运动员"，这一评语转引自《美洲大发现的利弊》（*Avantages et désavantages de la découverte de l'Amérique*, Université de saint-Etienne, 1994，汉斯 - 尤尔根·吕斯布林克〔Hans-Jürgen Lüsebrink〕、亚历山大·穆萨德〔Alexander Mussard〕主编），p. 130。评语还补充说，1787 年卡斯泰吕（Chevalier de Castellux）提交的征文（认为利大于弊）"可能"会获奖，p. 137。关于鲁莽的哥伦布远征，见《东西印度史》，卷 9，pp. 308 - 310。"法国人！"见马森《默默无闻的拿破仑》，卷 2，p. 312；"杰出的雷纳尔"，见同书卷 2，p. 293；"我相信"，见同书卷 2，p. 332。海滩，见裴格特《拿破仑的青年时代》，卷 2，p. 211。休假，见诺伍德·扬《拿破仑的成长：环境研究》（*The Growth of Napoleon, A Study in Environment*, John Murray, London, 1910），p. 223。拿破仑对文化的渴求，见裴格特《拿破仑的青年时代》，卷 2，p. 208。拿破仑活得像一头熊一样，转引自坦格瑞德·马特尔（Tancrède Martel）《拿破仑的回忆录与作品》（*Mémoires et oeuvres de Napoléon*, A. Michel, Paris, 1910），p. 316，乃 1810 年与科兰古的对话；但马森怀疑其真实性（《默默无闻的拿破仑》，卷 2，p. 202），裴格特也认

为他的苦行生活被夸大其词。马特尔的序言较有价值，但却将拿破仑的 étude littéraire（文学研究）描绘成了圣徒行传式的。笔记第十九册，见马森《默默无闻的拿破仑》，卷 2，pp. 258 – 267。维克多·雨果的《东方诗集》初版于 1829 年，《他》、《波拿巴》等诗作均明确向拿破仑表示敬意。《论自杀》，见马森《默默无闻的拿破仑》，卷 1，pp. 145 – 146。涂尔干的"失范"概念，见其经典研究《自杀论》（Le Suicide，1897）。卢梭"社会制度的矛盾"，见其《写给马勒泽布的信》中的第二封信。诺伍德·扬的严厉批评，见其《拿破仑的成长》，p. 153。弗兰克·麦格林的评论，见其综论性的《拿破仑》（Napoleon,Jonathan Cape,London,1997），p. 45。文森特·克罗宁更为宽厚热情的评论，见其《拿破仑》（Napoleon,Fontana,London,1990,1971 年初版），p. 53。马森坚决否认有人会不喜欢拿破仑，见《默默无闻的拿破仑》，卷 2，p. 213。所引波德莱尔诗歌为《风景》（Paysage），见其《恶之花》（Les Fleurs Du Mal）。阿贝尔·冈斯的电影《阿贝尔·冈斯眼中的拿破仑》（Napoléon vu par Abel Gance）以同样的态度描写暴徒在街头游行时拿破仑仍沉浸在自己的研究工作中。拿破仑军校同学马吉斯的回忆，见保尔·巴特尔（Paul Bartel）《闻所未闻的拿破仑青年时代》（La Jeunesse inédite de Napoléon，Ami-

ot-Dumont, Paris, 1954）, p. 261。拿破仑对 1792 年 8 月
10 日的描述，见《圣赫勒拿岛回忆录》, p. 392。里昂考
官"很明显的梦"这一评语，见马森《默默无闻的拿破
仑》，卷 2, p. 212, 以及《里昂学院史》（*Histoire de
l'Académie de Lyon*, J.-B. Dumas, Lyon, 1840）, 卷 1,
p. 144。圣伯夫对多努的好评，见其《月曜日丛谈》, 卷
1, p. 180。拉斯卡斯力挺拿破仑，见《圣赫勒拿岛回忆
录》, p. 53, 无疑是出于拿破仑的授意，拉斯卡斯还把
征文题目中的"情感"换作了"机构"。拿破仑的信，见
马森《默默无闻的拿破仑》, 卷 2, p. 404。学院的命
运，见福格尔, p. 350。"头脑过于沸腾"，亦见福格
尔, p. 364。雷纳尔《英国议会史》（de la Guette, Paris,
1750, pp. 319 – 321）对君主制的看法，转引自福格尔,
p. 35。福格尔还在 p. 54 中谈到了他对和平的看法。吉
奥格神甫（Abbé Georgel）, 见福格尔, p. 402。在埃尔蒙
翁维尔卢梭墓前的谈话回忆，应特别感谢可敬的梅纳维
尔《关于拿破仑一世的历史回忆录》（*Mémoires pour servir à
l'histoire de Napoléon Ier*, Dentu, Paris, 1894, 3 卷）, 卷 1,
p. 27。此外，比较重要的还有马森《拿破仑的青年时代：
1769—1793》（*Napoléon dans sa jeunesse 1769—1793*, Ollen-
dorff, Paris, 1907）、让·蒂拉尔《1769—1821 年的拿破仑
日程表》（*Itinéraire de Napoléon au jour le jour 1769—1821*,

Tallendier, Paris, 1992）。

## 第二章　岛屿和大陆

　　拿破仑到达"拉丁国"，见贝特朗将军《圣赫勒拿岛笔记》（ *Cahiers de Sainte-Hélène* , Albin Michel, Paris, 1959, 3 卷），卷 3，p. 70。沙漠的隐喻，出自重要的埃及战役纪要《拿破仑通信》（ *Correspondance de Napoléon* , 以拿破仑三世的名义出版，Imprimerie impériale，1858—1870，32 卷）。这里我参考的是 Plon 的删节版，卷 29，p. 438。Plon 版只有 22067 条内容，而《国家档案》（Archives Nationales）共有 30000 条。作为补充，还可参

173　阅《拿破仑未刊通信》（ *Correspondance inédite de Napoléon* , Charles Lavauzelle, Paris, 1912—1915, 5 卷，欧内斯特·皮卡德〔Ernest Picard〕、路易士·图提〔Louis Tutey〕主编）。早期提及圣赫勒拿岛，见马森《默默无闻的拿破仑》，卷 2，p. 49。拿破仑在自传性作品中总是声称自己出生于 1769 年 8 月 15 日，多萝西·卡琳顿在穷搜科西嘉档案的《拿破仑的父母》（ *Napoleon's Parents* , London, 1988）一书中证实了这一点。"大海的深渊"、"大自然所感发的忧郁哀伤"，见马森《默默无闻的拿破仑》，卷 2，pp. 303 – 304。拿破仑在写给帕欧里的信中对于自己出生的夸张描述，见马森《默默无闻的拿破仑》，卷 2，

p. 64。诺伍德·扬环境论式的解读，见其《拿破仑的成长》，p. 184。埃米尔·路德维希(Emil Ludwig)《拿破仑传》(*Napoleon*，Allen and Unwin，London，1927）的章节标题如"岛屿"、"洪流"、"江河"、"大海"、"岩石"，也颇具暗示性。拿破仑自己对于"洪流"的看法，见马森《默默无闻的拿破仑》，卷2，p. 321。《新科西嘉》，见马森《默默无闻的拿破仑》，卷2，pp. 75 – 83。出示给文洛克勋爵的那封信，转引自多萝西·卡琳顿，p. 162。拿破仑写给父亲的信，见马森《默默无闻的拿破仑》，卷1，p. 83。卢梭对科西嘉岛的看法，见《社会契约论》(Garnier，Paris，1962）, p. 269。包斯威尔的引文，出自《科西嘉岛》(*Corsica*，Williams and Norgate，London，1951，Morchard Bishop〔莫查德教堂〕主编），pp. 67、92。拿破仑写给帕欧里的信，见马森《默默无闻的拿破仑》，卷2，pp. 64 – 66。多萝西·卡琳顿的引文，见其《拿破仑的父母》，p. 36。《论幸福》提及帕欧里，见马森《默默无闻的拿破仑》，卷2，pp. 299 – 300。布里恩学校中的事件，见布里昂《回忆录》(*Mémoires*，Garnier，Paris，1899），卷1，p. 7（虽然约瑟夫·波拿巴反对这一说法，但仍比较可信）。需要注意的是，也有一些作品驳斥了布里昂的记录，如贝利亚德 (A. D. Belliard)《布里昂及其有意无意的错误》( *Bourrienne et ses erreurs volontaires et involontaires*，Hauman，Brussels，1830）。漫画及其说明文字，见诺伍德·扬，p. 101。拿破仑拒绝为父亲树碑，见拉斯卡斯《回忆录》，p. 48。将父亲的死视为一种"解脱"，见多萝西·卡琳顿，p. 191。约瑟夫·波拿巴对弟弟的回忆，见《回忆录与通信》（*Mémoires et correspondances*，Paris，1853—1854，10卷），卷1，p. 32。以法语写信，请求对方以意大利语回信，见《两世界杂志》（*Revue des deux mondes*），1931年12月15日，卷6，"拿破仑青年时期的书信"（"lettres de jeunesse de Napoléon"），p. 770。拿破仑写给母亲的信中谈及意大利面食，亦见此书。拿破仑对母亲的赞颂，见蒙托隆《圣赫勒拿岛记述》（*Récits de Sainte-Hélène*），卷1，p. 321，转引自多萝西·卡琳顿，p. 193。列维斯特劳斯及其烹饪的三角结构（"Le Triangle culinaire"），见《弓》（*L'Arc*，第26期，pp. 19－29）与《神话学 I：生的和熟的》（*Mythologiques I：Le Cru et le Cuit*，Gallimard，Paris，1964）。"真理熊熊燃烧的火炬"，见马森《默默无闻的拿破仑》，卷2，p. 321。诺伍德·扬对其屡屡窜改事实的评论，见《拿破仑的成长》，p. 173；对其准阅读障碍问题的评论，见同书 pp. 231－233。罗德雷对口述者的称赞，见其《日记》，pp. 102－103。圣伯夫的看法，见其《月曜日丛谈》，卷1，p. 184。阿尔诺关于拿破仑朗读的回忆，见其《六

十忆旧》，卷4，pp. 85 – 86。拿破仑向布里昂列出他的
"移动图书馆"书目时，将 Ossian（莪相）读为 Ocean，
见布里昂《回忆录》，卷2，pp. 49 – 52。沙登神甫的回
忆，见布里昂《回忆录》，卷1，pp. 30 – 31。梅纳维尔
对拿破仑字迹的评论，见其《回忆录》，卷1，p. 421。
拿破仑以热血为由的辩护，见他写给诺丹（Naudin）的
信，转引自诺伍德·扬，p. 228。圣伯夫也同意拿破仑
对法语施展了可怕的暴力："Bonaparte, en s'emparant de
cet idiome〔French〕pour rendre ses idées et ses sentiments,
dut lui faire subir quelques violences et lui imprimer quelques
faux plis. "见圣伯夫《月曜日丛谈》，卷7，p. 180。 迪
皮伊神父，以及拿破仑的回信，见马森《默默无闻的拿
破仑》，卷2，pp. 66 – 70。拿破仑对哥哥约瑟夫的文体
的分析，见《两世界杂志》，pp. 789 – 790。马塞拉肯定
性的回信，以及拿破仑的《科西嘉书信集》，见马森
《默默无闻的拿破仑》，卷2，p. 125。很少有论著像纳
迪亚·托米奇（Nadia Tomiche）《作家拿破仑》（*Napoléon
écrivain*, Armand Colin, Paris, 1952）那样将拿破仑视为作
家，但此书却将拿破仑的写作活动与他的其它活动割裂
开来。帕欧里对拿破仑的侮辱，见马森《默默无闻的拿
破仑》，卷2，p. 199。让·热内故事的萨特版，见萨特
《圣热内：喜剧演员与殉道者》（*Saint-Genet, Comédien et*

martyr, Gallimard, Paris, 1952)。蒙托隆对拿破仑在圣赫勒拿岛的描述，见其《记述》，卷2，p. 171。科西嘉岛与圣赫勒拿岛之间的比较，见拉斯卡斯《回忆录》，pp. 276 – 277。

## 第三章　心胜于物

移动图书馆，见布里昂，卷2，pp. 49 – 52，亦见拿破仑《通信》，卷4，pp. 27 – 28。《先知的面具》的故事，见马森《默默无闻的拿破仑》，卷2，pp. 17 – 19。"*Il faut aller en Orient, toutes les grandes gloires viennent de là*"，见布里昂，卷2，p. 49。索科沃斯基的文章，见萨拉丁·布斯塔尼(Saladin Boustany)主编的《波拿巴埃及报刊：1798—1801》(*The Journals of Bonaparte in Egypt, 1798—1801*, Al-Arab Bookshop, Cairo, 1971, 10卷)，卷1，pp. 19 – 20。《波拿巴埃及报刊》对于这一时期的研究不可或缺。塔利安的发刊词，见斯塔尼《波拿巴埃及报刊》，卷1，p. 5。蒙热书信，见奥布里(P. - V. Aubry)《蒙热：拿破仑·波拿巴的博学朋友》(*Monge, Le savant ami de Napoléon Bonaparte*, Gauthier-Villars, Paris, 1954)，pp. 226 – 227。拿破仑的回信，见其《通信》，卷4，p. 39。土耳其人尼可拉斯对无敌舰队的描述，见其《埃及编年史：1798—1804》(*Chronique d'Egypte*, *1798—1804*, Cairo, 1950, 加斯顿·维特〔Gaston Wiet〕编译），p. 9。对月亮及"le sol blanchâtre de l'aride Afrique"的描述，见《通信》，卷 29，pp. 431 – 432。帕塞瓦尔-格朗梅荣的抒情朗诵，见布斯塔尼《波拿巴埃及报刊》，卷 1，p. 225。《埃及十日》过刊，也收175入布斯塔尼《波拿巴埃及报刊》，卷 1。《埃及十日》的自我定位，见布斯塔尼《波拿巴埃及报刊》，卷 1，p. 6。在比较盖尔纳与萨义德时，我所想的不仅是萨义德的《东方主义》、盖尔纳的《犁、剑、书》（*Plough, Sword, Book*），还想到了他们在《泰晤士文学副刊》（*TLS*,1993 年 2 月 19 日，pp. 3 – 4）上的争论，当时盖尔纳对萨义德《文化与帝国主义》提出了批评。我对鲍德里亚思想的概括，主要出自其《拟像和模拟》（*Simulacres et simulation*）、《论诱惑》（*De la séduction*）等著作，但考虑到他认为影像、电影和电子现象优先于文本的看法，"文本"所指也包括电视、电影等"超文本"。当然，这里概括的三种观点都过分简单化。盖尔纳显然属于 1，鲍德里亚是典型的 3，考虑到萨义德的辩证公式，他介于 1、2、3 之间。关于现实主义者拿破仑，见勒费弗尔："Tout paraît le vouer à la politique réaliste et tout, en effet, dans l'exécution est réaliste jusque dans le moindre détail."（《拿破仑》，p. 69）这里，让·蒂拉尔

沿袭了勒费弗尔的看法。威廉·布莱克对艺术与帝国的看法，转引自萨义德《文化与帝国主义》(Vintage, London, 1993)，pp. 12 – 13。拿破仑对雷慕莎夫人回忆埃及，见雷慕莎夫人不可信的《回忆录》(*Mémoires*, Calmann Levy, Paris, 1880，3 卷)，卷 1，p. 274。关于心胜于物，见《通信》，卷 29，pp. 475 – 477。圣伯夫认为："C'est dans de telles pages qu'on sent combien Napoléon prenait au sérieux par moments sa mission de guerrier civilisateur, et qu'il n'était pas seulement une épée de plus dans cet Orient de merveilles, mais une épée lumineuse."见其《月曜日丛谈》，卷 1，p. 187。"两个系统"，转引自奥克塔夫·奥布里 (Octave Aubry) 主编的《拿破仑的作品》(*Ecrits de Napoléon*, Buchet /Chastel, Paris, 1969)，p. 236。名著《埃及记述》的副标题相当冗长：*recueil des observations et des recherches qui ont été faites en Egypte pendant l'expédition de l'armée française, publié par les ordres de sa majesté l'empereur Napoléon le grand* (《由拿破仑大帝陛下敕令出版的法国军队远征期间在埃及从事的考察与研究文集》，1809—1828，23 卷)，傅立叶见卷 1，p. xxxiv。德农论底比斯，见布斯塔尼《波拿巴埃及报刊》，卷 3，p. 286。拿破仑在金字塔前颇具历史态度的誓师演讲，见《通信》，卷 4，p. 240。关于亚历山大大帝的梦想，见《通

信》，卷 5，pp. 182 - 183。对未来的祝酒词，见布斯塔尼《波拿巴埃及报刊》，卷 4，第 8 期，p. 3；祝"埃及人民"，见卷 8，p. 87。拿破仑的乌托邦，见《通信》，卷 29，p. 430。拿破仑对吸引公众关注的重视，见《通信》，卷 5，p. 182。蒙热的展望，见奥克塔夫·奥布里，p. 260。夏尔·诺利的幻灭，见其《埃及远征记》(*Relation de l'expédition en Egypte*, Charles Pougens, Paris, 七年)，p. 33。沙漠化，是马塞尔对阿拉伯地理学家阿尔－巴科伊(A'bd-Er-Rachyd El-Bakouy) 的概括，见布斯塔尼《波拿巴埃及报刊》，卷 3，p. 148。拿破仑论马穆鲁克，见 176布斯塔尼《波拿巴埃及报刊》，卷 3，p. 32。《埃及邮报》报道尼罗河开闸仪式，见布斯塔尼《波拿巴埃及报刊》，卷 4，第 1 期，p. 2。声称拿破仑无所不知，见布斯塔尼《波拿巴埃及报刊》，卷 4，第 23 期，p. 2；卷 8，p. 33。阿尔－贾巴里的怀疑态度，见布斯塔尼《波拿巴埃及报刊》，卷 8，pp. 13 - 14。拿破仑解说《古兰经》，见《通信》，卷 5，p. 221。听众的回应，见布斯塔尼《波拿巴埃及报刊》，卷 3，p. 33。根据文献资料，我试着重建那些反对团体。维旺·德农的发现，见布斯塔尼《波拿巴埃及报刊》，卷 3，p. 286。寓言手法，见布斯塔尼《波拿巴埃及报刊》，卷 2，p. 194。年轻男孩的性癖好，见布斯塔尼《波拿巴埃及报刊》，卷 1，p. 110。1799 年 4 月在雷纳提（Reynati）看不到手淫现象，"Topographie physique et médicale de Vieux-Kaire"，见布斯塔尼《波拿巴埃及报刊》，卷2，p. 186。鸡奸，见《通信》，卷29，p. 433。佩尔的评论，出自被英国海军拦截的信件，见布斯塔尼《波拿巴埃及报刊》，卷10，p. 56。热气球失败，见布斯塔尼《波拿巴埃及报刊》，卷8，pp. 29 - 30。德农对暴乱的描述，见其充满生动回忆的《波拿巴将军远征期间的上下埃及纪行》（ Voyage dans la Basse et la Haute Egypte pendant les campagnes du général Bonaparte, Institut français de l'archéologie du Caire, Paris, 1989, 1802 年初版），pp. 66 - 69。拿破仑继续召开研讨会，见《通信》，卷29，pp. 503 - 504。《埃及十日》的道歉，见布斯塔尼《波拿巴埃及报刊》，卷2，pp. 297 - 298。德热内特对埃及医疗状况的描述，见布斯塔尼《波拿巴埃及报刊》，卷1，pp. 31 - 32。布吕安医生的最后信件，见布斯塔尼《波拿巴埃及报刊》，卷2，p. 52。拿破仑对装病者的轻描淡写的评论，见《通信》，卷5，p. 191。大致赞同拿破仑意见的医学报告，见布斯塔尼《波拿巴埃及报刊》，卷2，pp. 261 - 262。这一时期最详尽的报告，是容基耶尔（C. de la Jonquière）的《埃及远征：1798—1801》（ L'Expédition en Egypte, 1798—1801 , Charles-Lavauzelle, Paris, 1899—1907, 5卷）；此书卷4，pp. 284 -

285，记载了德热内特对拿破仑在雅法瘟疫病房的描述。拿破仑论瘟疫的特点，见《通信》，卷 30，p. 29。德热内特论医生的共谋，见布斯塔尼《波拿巴埃及报刊》，卷 2，pp. 262－263。拿破仑的石灰坑，见《通信》，卷 5，p. 282。同卷 p. 605 将疫病比作敌人。拿破仑的乐观估计，见《通信》，卷 30，p. 97。医生隐喻，见拉斯卡斯《回忆录》，p. 447。德热内特的自我辩护，见布斯塔尼《波拿巴埃及报刊》，卷 2，p. 263。回到巴黎后拿破仑写给拉普拉斯的信，见《通信》，卷 6，p. 1。同卷 pp. 88－89 提及拿破仑要求为自己的军队准备的读物内容。拿破仑对埃及的乡愁，见古怪、热情但也较为可信的古戈尔将军的《圣赫勒拿岛：1815—1818 年未刊日记》(*Sainte-Hélène, journal inédit de 1815—1818*, Flammarion, Paris, 1889, 2 卷)，卷 1，p. 67。克里斯托弗·哈罗德 (J. Christopher Herold)《波拿巴在埃及》(*Bonaparte in Egypt*, London, 1962) 提供了有价值的概述。医学问题，见让－弗朗索瓦·勒迈尔(Jean-François Lemaire)《拿破仑与医学》(*Napoléon et la médecine*, Francis Burin, Paris, 1992)。

（此处页边有数字 177）

# 第四章  信息传送

"小山羊号"、"比尤利号"、"桃瑞丝号"的惊险故事，被很有倾向性地记录在莱尔德·克洛斯（Wm. Laird Clowes）《皇家海军史》（*The Royal Navy, A History*, Sampson Low, Marston & Co., London, 1899）卷 4、约瑟夫·阿伦（Joseph Allen）《英国海军战役》（*Battles of the British Navy*, Henry G. Bohn, London, 1852）卷 2。拿破仑对事件的回应，见《通信》，卷 7，pp. 259 – 260。英格兰被欧洲抛弃，见《通信》，卷 6，p. 578。邮船系统，见《通信》，卷 6，pp. 532 – 533。拿破仑下令围捕普通嫌疑犯，见《通信》，卷 6，p. 113。严惩刺客，见《通信》，卷 6，p. 123。奖励"奥西里斯号"船长，见《通信》，卷 6，p. 454。"Oh, Jean-Jacques, que ne peutil voir ces hommes, qu'il appelle 'les hommes de la nature!'Il frémirait de honte et de surprise d'avoir pu les admirer"，出自《埃及法国军团书信原件》（ *Lettres originales de l'armée française en Egypte*），见布斯塔尼《波拿巴埃及报刊》，卷 10，p. 19。"Je suis surtout dégoûté de Rousseau depuis que j'ai vu l'Orient. L'homme sauvage est un chien"，见罗德雷《日记》，p. 165。对密码破译者的担忧，见《通信》，卷 6，p. 28。设下圈套，见《通信》，卷 6，p. 498。致开罗克莱贝尔将军的信，见《通信》，卷 6，p. 28。夏普论跨越距离，转引自欧内斯特·雅克尔茨（Ernest Jacquez）《克劳德·夏普传略》（ *Claude Chappe: notice biographique*, Alphonse Picard, Paris, 1893），

p. 63。吃饭和权力，见罗德雷《日记》，p. 107。1796 年 4 月 26 日对士兵的训词"Soldats! Vous avez remporté, en quinze jours, dix victoires, pris vingt-et-un drapeaux, cinquante-cinq pièces de canon. . . quinze mille prisonniers, tué ou blessé plus de dix mille hommes"，转引自奥克塔夫·奥布里《拿破仑的作品》，p. 52。他的秘书恐吓造船工人，见《通信》，卷 7，p. 340。关于雾月政变的电报，见弗朗索瓦·戈蒂埃(François Gautier)《克劳德·夏普的作品》(L'Oeuvre de Claude Chappe, Blais, Roy et cie,Paris,1893)，p. 69。致 Conseil des anciens（元老院）书"'Qu'on ne cherche pas dans le passé des exemples qui pourraient retarder votre marche! Rien, dans l'histoire, ne ressemble à la fin du XVIIe siècle;rien, dans la fin du XVIIIe siècle, ne ressemble au moment actuel"，见《通信》，卷 6，p. 1；已经证明出自阿尔诺之手，见其《六十忆旧》，卷 4，p. 374。拿破仑在报纸中查找自己，见《通信》，卷 6，p. 295。夏普对电报的宣传，见夏普长兄（Chappe l'Aîné)《电报的历史》(Histoire de la télégraphie, Chez l'auteur,Paris，1824)，pp. 177 – 178。（原文作于王政复 178 辟时期，名义上是写给沙皇的。）拉波德·波米耶 (Rabaud Pommier) 向公共安全委员会报告夏普关于即时通讯的理论，见欧内斯特·雅克尔茨《克劳德·夏普

传略》，p. 59。公共安全委员会对电报的描述，亦见欧内斯特·雅克尔茨《克劳德·夏普传略》，p. 29。电报的危险，见欧内斯特·雅克尔茨《克劳德·夏普传略》，p. 28。"几近光速"，见欧内斯特·雅克尔茨《克劳德·夏普传略》，p. 59。多努的信息，见欧内斯特·雅克尔茨《克劳德·夏普传略》，p. 13。拿破仑警告夏普不能擅自发送电报："Le citoyen Chappe, ingénieur-télégraphe, ne pourra, sous quelque prétexte que ce soit, même pour les détails de son service, faire aucune transmission, par les télégraphes, que d'après l'ordre signé par le Premier Consul."见《通信》，卷6，p. 465。拿破仑在给约瑟夫的信中谈到自己觉得被人抛弃，见马森《拿破仑和女人们》（*Napoléon et les femmes*, Paul/Ollendorf, Paris, 1894），p. 45。致加尔达纳将军的信，见《通信》，卷7，p. 190。宪法"被撕成了碎片"，见《通信》，卷6，p. 4。要求分析文本，见《通信》，卷7，p. 201。夏多布里昂说杀死拿破仑，见《墓中回忆录》（*Mémoires d'outre-tombe*, Garnier-Flammarion, Paris, 1964，勒维伦特〔M. Levaillant〕主编），卷1，第二部分，p. 136。《墓中回忆录》，卷1，第二部分，pp. 302、317、320，多次谈及拿破仑的文学性。他们的第一次会晤，见《墓中回忆录》，卷1，第二部分，p. 81。夏多布里昂对拿破仑的赞扬，转

引自雅克-阿兰·西杜伊（Jacques-Alain de Sédouy）《夏多布里昂：不寻常的外交官》（*Chateaubriand, un diplomate insolite*, Perrin, Paris, 1992），p. 36。"恶毒的信函"，见《墓中回忆录》，卷1，第二部分，p. 124。夏多布里昂对自己文学生涯的看法，见《墓中回忆录》，卷1，第二部分，p. 165。对昂基安公爵事件的描述，见《墓中回忆录》，卷1，第二部分，p. 147；警告技术至上，见卷1，第二部分，p. 175；神圣之书，见卷1，第二部分，p. 158。拿破仑的"只要"句式，见拉斯卡斯《回忆录》，pp. 564-565。夏多布里昂的文学批评，见《论波拿巴和波旁王室》，p. 50。他对自己和拿破仑之间的比较，见《墓中回忆录》，卷1，第二部分，pp. 135、367。他独具一格的创世论，见《论革命》（*Essai sur les révolutions*）与《基督教真谛》（*Génie du christianisme*, Pléiade, Paris, 1978, 莫里斯·勒加尔〔Maurice Regard〕主编），pp. 555-556："Dieu a dû créer, et a sans doute créé, le monde avec toutes les marques de vétusté et de complément que mous lui voyons."夏多布里昂引用拿破仑对意大利民众的致辞（1796年4月26日），见《墓中回忆录》，卷1，第二部分，p. 328。夏多布里昂与国王，见《墓中回忆录》，卷1，第二部分，p. 246。夏普关于电报的书信，见欧内斯特·雅克尔茨《克劳德·夏普传略》，p. 30。拿破仑批评国王无所事事，见《通信》，卷 6，p. 606。夏多布里昂论非凡的冒险家与乏味的亲王，见《论波拿巴与波旁王室》，pp. 61 - 62。他在罗马的想法，见《墓中回忆录》，卷 2，第三部分，p. 481。夏多布里昂论基督教与进步，见西杜伊《夏多布里昂》，p. 188。第一份电报内容，见夏普《电报的历史》，p. 20。关于血、汗、泪（"Combien d'activités, de fatigues, de ressources il a fallu employer..."），亦见夏普《电报的历史》，pp. 200 - 201。突然崩溃，见欧内斯特·雅克尔茨《克劳德·夏普传略》，p. 132，书中也使用了"大脑过度兴奋"这一说法。夏普兄弟的悼词，出自他写给《巴黎日报》（*Journal de Paris*）的信中，转引自欧内斯特·雅克尔茨《克劳德·夏普传略》，pp. 72 - 73。拿破仑反对文学这一传统看法，可以斯达尔夫人《流亡十年》为代表；另可参阅欧内斯特·都德 (Ernest Daudet)《执政府和帝国治下的警察局与舒昂党人》（*La police et les chouans sous le Consulat et l'Empire*，Plon, Paris, 1895），以及晚近的《欧洲》专号 (1969 年 4 - 5 月) "Napoléon et la littérature"（拿破仑与文学）。

## 第五章　第三者

拿破仑谈跳舞，见雅克·波捷特 (Jacques Bourgeat)

主编的《致约瑟芬的信》（*Lettres à Josephine*，Guy Le Prat，Paris，1941），p. 161。他的自我评价，转引自马特尔《回忆录》，p. 462。贝利译本《精神现象学》p. xi 中黑格尔对拿破仑的评论，转引自罗伯特·所罗门（Robert C. Solomon）《黑格尔的精神：黑格尔精神现象学研究》（*In the Spirit of Hegel：A Study of G. W. F. Hegel's Phenomenology of Spirit*，Oxford University Press，1983），p. 36。罗素论黑格尔，见《西方哲学史》（*A History of Western Philosophy*，Allen and Unwin，London，1961），pp. 701 – 715。黑格尔对拿破仑的热情，见他 1806 年写给尼特哈默尔（Niethammer）的信，转引自所罗门《黑格尔的精神》，p. 35。拿破仑与黑格尔气味相投："mais de la plus grande et de la plus haute qui fût peut-être jamais：celle d'établir，de consacrer enfin l'empire de la raison，et le plein exercice，l'entière jouissance de toutes les facultés humaines！Et ici l'historien peut-être se trouvera réduit à devoir regretter qu'une telle ambition n'ait pas été accomplie，satisfaite！… En bien peu de mots viola pourtant mon histoire."见拉斯卡斯《回忆录》，p. 245。傅立叶，见其《全集》（*Oeuvres complètes*），特别是《爱的新世界》（*Le Nouveau Monde amoureux*）；另见乔纳森·比彻（Jonathan Beecher）《夏尔·傅立叶：梦想家和他的世界》（*Charles Fourier：The Man and His World*，

Berkeley and London, University of California Press, 1986）、罗兰·巴特《萨德，傅立叶，罗育拉》（*Sade, Fourier, Loyola*）。黑格尔不同于傅立叶的论述，见所罗门《黑格尔的精神》，p. 69。马森的"自然"说，见其《拿破仑和女人们》，p. xxx。"非常棒的情人"，见马森《拿破仑和女人们》，p. 323。尼采，见《快乐的科学》："男子大丈夫在欧洲再次压倒商人、庸人，再次驾驭被基督教、十八世纪的狂热思想和'现代理念'所骄纵的女人。"瓦尔特·考夫曼（Walter Kauffmann）译本（New York, Random House, 1974），p. 362。拿破仑的"私处"，转引自弗兰克·理查森(Frank Richardson)《拿破仑：双性恋皇帝》（*Napoleon: Bisexual Emperor*, Walter Kimber, London, 1972），p. 55。"Bon-a-parte est bon-à-rien"，见贝特朗《笔记》，卷3，p. 46。拿破仑对爱情的定义，见其1791年2月8日私人《日记》，转引自托米奇（Tomiche），p. 130。漫长孤独的冬夜，见《致约瑟芬的信》，p. 120。对瓦莱夫斯卡夫人所说的话，见马森《拿破仑和女人们》，p. 208。同书 p. 217："Je veux, entends-tu bien ce mot? je veux te forcer à m'aimer! J'ai fait revivre le nom de ta patrie: sa souche existe encore grace à moi. Je ferai plus encore."后来的作家如麦格林（McGlynn）往往将拿破仑的言论与马森的评论混为一谈。到

180

264

波兰的路程太遥远，见《致约瑟芬的信》(1807 年 1 月 3 日），p. 124；天气太恶劣，p. 126。 克里斯丁·萨瑟兰的假说，见其《玛丽·瓦莱夫斯卡：拿破仑的最爱》(*Marie Walewska, Napoleon's Greatest Love*, Weidenfeld and Nicolson, London, 1979）, pp. 53 – 54。拿破仑关于大力神赫拉克勒斯的玩笑，指的是当时的《波拿巴秘密情史》( *Les amours secrètes de Bonaparte*) 一书。《科西嘉书信集》中的 "无能"，见马森《默默无闻的拿破仑》，卷2, p. 130。"东方号"上流行小说阅读，见阿尔诺《六十忆旧》，卷 4，p. 81。"Je me suis mis à lire des romans, et cette lecture m'intéressa vivement. J'essayai d'en écrire quelques-uns, cette occupation mit du vague dans mon imagination, elle se mêla aux connaissances positives que j'avais acquises, et souvent je m'amusais à rêver, pour mesurer ensuite mes rêveries au compas de mon raisonnement", 见雷慕莎夫人《回忆录》，卷 1，p. 267。 波拿巴家族的其它小说创作，见古斯塔夫·达瓦伊斯 (Gustave Davois)《波拿巴文人》( *Les Bonaparte littérateurs*, Edition Bibliographique, Paris, 1909）。拿破仑的批评，见贝特朗《笔记》，卷 2, p. 216。《克列松和欧仁妮》，全文（残）见科埃略主编《拿破仑：文学作品》, pp. 23 – 43、pp. 152 – 173。《克列松和欧仁妮》全译，见克里斯托弗·弗瑞林 (Christopher Frayling)《拿破仑写小说》(*Napoleon Wrote Fiction*, Compton Press, Salisbury, 1972)。克拉里对拿破仑结婚的反应,见马森《拿破仑和女人们》,p. 17。《王宫偶遇》,见马森《默默无闻的拿破仑》,卷 1,pp. 181 – 183。塔列朗的讽刺评论,见雷慕莎夫人《回忆录》,卷 1,pp. 117 – 118。克里斯托弗·弗瑞林(《拿破仑写小说》p. 35)将《王宫偶遇》故事结尾翻译成更直白的性欲:"我不想要她开始假装正经,我想证明她不正经。"但这里拿破仑更像是在谈论自己的"honnêteté"(老实正经)而不是她。巴黎与女人,见马森《拿破仑和女人们》,p. 17。《关于爱情的对话》,见马森《默默无闻的拿破仑》,卷 2,pp. 277 – 284。科兰古的回忆,见其《回忆录:1812—1813》(*Memoirs 1812—1813*, Cassell, London, 1933,让·汉诺托〔Jean Hanoteau〕主编),pp. 597 – 598。司汤达《罗马漫步》(*Promenades dans Rome*),见马尔特《回忆录》,pp. 55 – 56 注释。拿破仑不追着女人跑,见古戈尔《日记》,卷 2,p. 52。拿破仑的榜样,见希利《卢梭与拿破仑》。伯纳丁 – 圣皮埃尔《保尔和维吉尼》也影响深远,拿破仑晚年在圣赫勒拿岛上仍在分析此书。拿破仑的批注,出自"Napoléon, correcteur de style de Rousseau"(拿破仑,评阅卢梭文体),见《让 – 雅克·卢梭协会年鉴》(*Annales de la Société Jean-Jacques Rousseau*),

181

卷30，pp. 143–148。大幅精简，但要有品位，见拉斯卡斯《回忆录》，p. 317。拿破仑无法放下手中之笔，见《致约瑟芬的信》，p. 30。接下来的几处引文，均见同书pp. 35、20、25、41、22。"Nous passons, nous vivons, nous mourons au milieu du merveilleux. Est-il étonnant que les prêtres, les astrologues, les charlatans aient profité de ce penchant, de cette circonstance singulière pour promener nos idées et les diriger au grai de leurs passions？"见《致约瑟芬的信》，p. 25。不断为自己制造麻烦，见《致约瑟芬的信》，p. 26。约瑟芬像怪物，见《致约瑟芬的信》，p. 33。"继续吧，嘲笑我"，见《致约瑟芬的信》，p. 43。拿破仑像克列松一样，见《致约瑟芬的信》，p. 34。军中将士因恋爱自杀，见拉斯卡斯《回忆录》，p. 37。"再见"演说，见《致约瑟芬的信》，p. 21。权力像小提琴，出自与罗德雷的谈话，转引自马特尔《回忆录》，pp. 315–316。自由是女人，见1791年2月8日写给费什的信，转引自马森《默默无闻的拿破仑》，卷2，p. 196。灭绝世界上的其它生物，见《致约瑟芬的信》，p. 40。同书p. 161谈及沙皇亚历山大可以成为情人。抱怨T先生，见同书p. 140。只剩下英国人了，见同书p. 104。司汤达论惨败，见《论爱情》(De l'amour)第九章。与拿破仑一起跌倒，见《亨利·布吕拉尔传》（*Vie de Henri Brulard*，Le Divan，Paris，亨利·马蒂诺〔Henri Martineau〕主编），卷 1，p. 16。卡米拉·帕格利亚（Camille Paglia）的刻薄评论，见其《性面具：从奈费尔提蒂到艾米莉·狄金森的艺术与颓废》（*Sexual Personae：Art and Decadence from Nefertiti to Emily Dickinson*，Penguin，Harmondsworth，1990），p. 20。拿破仑写给约瑟芬的最后一封信，见《致约瑟芬的信》，pp. 216 – 217。关于拿破仑与歌德的会面，米兰·昆德拉的描写令人惊讶地充满陈词滥调，见其《不朽》（*Immortality*，Faber，London，1991），pp. 60 – 63。阿尔伯特·比尔绍斯基（Albert Bielschowsky）更富同情的评论，见其《歌德的一生》（*Life of Goethe*，Putnam，London，1904），卷 2，p. 411。塔列朗《回忆录：1754—1815》（*Mémoires 1754—1815*，Plon，Paris，1957）中有一章专论"l'entrevue d'Erfurt"（埃尔福特会晤），为本书提供了很多相关内容。斯科劳尔（S. Sklower）《拿破仑一世与歌德的会面》（*Entrevue de Napoléon I<sup>er</sup> avec Goethe*，Ernest Vanackere，Lille，1853）修正了塔列朗的不少遗漏。歌德关于无缝套袖的评论，见《歌德访谈录》（*Goethe：Conversations and Encounters*，Oswald Wolff，London，1966，戴维德·路加〔David Luke〕、罗伯特·匹克〔Robert Pick〕主编），pp. 71 – 72。博尔赫斯关于中国皇帝的杰出的短篇小说

《长城和书》，见其《迷宫》（*Labyrinths*, Penguin, Har-
mondsworth, 1970）。马拉美的格言“tout, au monde, existe
pour aboutir à un livre”，见 Quant au Livre (《至于书》)，收 182
入《诗集》（*Poésies*, Poche, Paris, 1977），p. 223。 拿破仑
对全球帝国的梦想，见科兰古《回忆录》，p. 528。人人都
满意，见科兰古《回忆录》，p. 487。吉塔·梅（Gita
May）《司汤达与拿破仑的时代》（*Stendhal and the Age of
Napoleon*, Columbia, New York, 1977）较好地追溯了他们
二人之间的交集。

## 第六章　作者之死

西蒙·莱伊斯（Simon Leys）《拿破仑之死》（*La Mort de Napoléon*, Hermann, Paris, 1986）是一部令人难以忘怀的、较为可信的幻想之作。这里，我借鉴了文森特·克罗宁对费什行为的看法。拿破仑致摄政王的信，见拉斯卡斯《回忆录》，p. 31。美国 vs 英格兰，亦见拉斯卡斯《回忆录》，p. 33。占领英格兰的说法，见罗曼·罗兰（Romain Rolland），《欧洲》专号（1969 年 4 - 5 月）“Napoléon et la littérature”（拿破仑与文学），p. 10。拿破仑以非常糟糕的英语写的信，见拉斯卡斯《回忆录》，p. 178。巴里·奥米拉《流放中的拿破仑》（*Napoleon in Exile*, Simpkin and Marshall, London, 1822）与拉斯卡

斯的记载很多地方都较为吻合。与埃及比较，见古戈尔《未刊日记》，卷 1，p. 67。马森认为拉斯卡斯动机不明，见其《围绕圣赫勒拿岛》(*Around Saint Helena*)，p. 84。拉斯卡斯称拿破仑"入迷"，见其《回忆录》，p. 45。他对他与拿破仑交谈的描述，见《回忆录》初版序言，p. 20。拉斯卡斯论重读拿破仑，见《回忆录》，p. 37。拿破仑的一生像是一部小说，见《回忆录》，p. 352。拿破仑为什么述而不作，见古戈尔《日记》，卷 2，p. 110。蒙托隆对大独裁者／口述者的描述，见其《圣赫勒拿岛记述》，卷 1，p. 560。拿破仑一口气花上十到十二个小时抓住一种想法不放，见贝特朗《笔记》，卷 3，p. 77。夜晚失眠，见同书卷 3，p. 133；真正的驮马，见同书卷 3，p. 149。赫德森·洛"想象中的圣赫勒拿岛"的挖苦，见贝特朗《笔记》，卷 1，p. 41。拿破仑（正确地）反驳说他借鉴了普拉特神甫 (Abbé de Pradt)《驻华沙大公国使馆的历史》(*Histoire de l'ambassade dans le Grand-Duché de Varsovie*) 的想法。拿破仑论特洛伊，见贝特朗《笔记》，卷 3，p. 67。他欣赏自己在埃及时的作品，见贝特朗《笔记》，卷 1，p. 61。居然敢说他不会写作，见拉斯卡斯《回忆录》，p. 220。除了圣赫勒拿岛没有其它选择，见拉斯卡斯《回忆录》，p. 163。1815 年 11 月 14 日日记，见拉斯卡斯，pp. 97－98。拉斯卡斯和他的三个感叹号，见其《回忆录》，p. 65。拿破仑狼吞虎咽读书，见巴里·奥米拉《日记》，卷1，p. 67。回顾卢梭，见拉斯卡斯《回忆录》，p. 429。送给拉斯卡斯的最后一句话(拿破仑辞别信的最后一行)，见拉斯卡斯《回忆录》，p. 607。对自杀的看法，见拉斯卡斯《回忆录》，p. 37。自杀意向，见蒙托隆《记述》，卷2，p. 419。缩小活动范围，见拉斯卡斯《回忆录》，p. 352。"富有创造力的时期"，见克罗宁《拿破仑》，p. 424。古戈尔记 183录说拿破仑绝望地感到大限将至，见古戈尔《日记》，卷1，p. 431。古戈尔挨骂，见古戈尔《日记》，卷2，p. 289。讨厌的滑铁卢一章，见古戈尔《日记》，卷1，p. 203。周年回忆，见蒙托隆《记述》，卷2，pp. 404 - 405。决定性的战役，见古戈尔《日记》，卷2，p. 13。口述失去魅力，见拉斯卡斯《回忆录》，p. 352。拉斯卡斯谈及拿破仑的第三人称口吻，见拉斯卡斯《回忆录》，p. 99。焚毁一切，见贝特朗《笔记》，卷3，p. 169。拿破仑"难过的时候"，见古戈尔《日记》，卷1，p. 430。害怕在美国遭遇暗杀，见拉斯卡斯《回忆录》，p. 601。在圣赫勒拿岛退缩，见古戈尔《日记》，卷2，p. 210。新的"玫瑰水"战争，见古戈尔《日记》，卷2，p. 266。古戈尔贬低拉斯卡斯，见古戈尔《日记》，卷1，p. 313；同书卷1，p. 316则记录了拿破仑的回应。古戈尔认为自己是最悲惨的人，见古戈尔《日记》，卷2，p. 57。古戈尔原谅拉斯卡斯，见古戈尔《日记》，卷1，pp. 276、358。整个早上都在工作，见古戈尔《日记》，卷1，pp. 343 – 344。拿破仑偏爱蒙托隆，见古戈尔《日记》，卷1，pp. 533 – 534。无聊，见古戈尔《日记》，卷1，pp. 408、463；卷2，p. 24。作者隐喻，见古戈尔《日记》，卷1，p. 547。马森斥责古戈尔"一时兴起的胡言乱语"，见马森《围绕圣赫勒拿岛》，p. 214。担忧自己与拿破仑之间的战争，见古戈尔《日记》，卷2，p. 239。拉斯卡斯《回忆录》p. 22 记录了拿破仑的总作者模式："à chaque instant, notre pays se remplissait de trophées... exploits... victoires... l'arbitre des destinées universelles... Et pourtant tous ces travaux, tous ces prodiges, étaient l'ouvrage d'un seul homme. "成为万事万物的中心，见古戈尔《日记》，卷1，p. 344。拿破仑请拉斯卡斯读他的日记，见拉斯卡斯《回忆录》，p. 25 注释。对没收日记很生气，见古戈尔《日记》，卷1，p. 322。终于可以写他的小说了，见拉斯卡斯《回忆录》，p. 310。火花四射的谈话："il n'en était aucune, sur quelque sujet que ce fût, qui n'étincelle çà et là d'expressions et de traits fort remarquables. "转引自让·蒂拉尔《拿破仑在圣赫勒拿岛》(*Napoléon à Sainte-Hélène*, Robert Laffont, Paris, 1981)，

p. 6。让·蒂拉尔此书是不可或缺的参考文献，它大段摘选了拉斯卡斯、古戈尔、贝特朗、蒙托隆等人的记录。拿破仑对贝特朗的指令，见贝特朗《笔记》，卷3，p. 170。贝特朗认为阿尔诺会做得更好，见贝特朗《笔记》，卷3，p. 69。省略的问题，见古戈尔《日记》，卷2，p. 244。"他在这里吗"、"奥米拉在吗"，这些心酸的对话，见贝特朗《笔记》，卷3，pp. 184–185。船上运来什么东西，见贝特朗《笔记》，卷3，p. 172。人是泥巴，见古戈尔《日记》，卷2，p. 271。讨论语法问题，见古戈尔《日记》，卷1，p. 457："La langue française n'est pas une langue faite. J'aurais bien dû la fixer."大力神，见古戈尔《日记》，卷1，p. 432。《非洲之旅》一事，见拉斯卡斯《回忆录》，p. 341。拿破仑论贡斯当（Constant），见贝特朗《笔记》，卷3，p. 49。为夏多布里昂感到遗憾，见古戈尔《日记》，卷1，p. 479。比作耶稣基督，见古戈尔《日记》，卷2，pp. 226–227。"一剂砒霜"，见蒙托隆《记述》，卷2，p. 412。"懦夫的武器"，见古戈尔《日记》，卷2，p. 218。蒙托隆对拿破仑难逃一死的"担忧"，见蒙托隆《记述》，卷2，p. 405。蒙托隆的等待、掩饰说，见古戈尔《日记》，卷1，p. 223。蒙托隆写遗嘱，见贝特朗《笔记》，卷3，pp. 175–176。"假面舞会"，见古戈尔《日记》，卷1，p. 79。建议他成为江湖骗子，见

184

古戈尔《日记》，卷2，p. 223。思考死亡，见贝特朗《笔记》，卷3，p. 105。拿破仑未卜先知，见古戈尔《日记》，卷1，p. 440。关于儿子的名字的对话，见贝特朗《笔记》，卷3，p. 195。拿破仑谈到自己的儿子，见古戈尔《日记》，卷2，p. 13。茱莉亚·布莱克本（Julia Blackburn）《皇帝的最后岛屿》（*The Emperor's Last Island*, Secker and Warburg, London, 1991）以小说家的眼光看待圣赫勒拿岛。其它较有价值的亲历者记录，如忠仆马尔尚（Louis Joseph Marchand）《在拿破仑的阴影下》（*In Napoleon's Shadow*, Proctor Jones Press, San Francisco, 1998）；病理学家安东马尔基（François Antommarchi）《拿破仑的最后时刻》（*Les derniers moments de Napoléon*, Barrois l'Aîné, Paris, 1825）；伊丽莎白·巴尔科姆·阿贝尔（Elizabeth Balcombe Abell，即年轻的贝特西〔Betsy〕）《追忆皇帝拿破仑》（*Recollections of the Emperor Napoleon*, John Murray, London, 1844）。暗杀论论者，以斯文·福施弗伍德(Sven Forshufvud)《谁杀了拿破仑》（*Who Killed Napoleon?* Hutchinson, London, 1962）；本·韦德（Ben Weider）、斯文·福施弗伍德《再论圣赫勒拿岛上的暗杀》（*Assassination at St. Helena Revisited*, Wiley, New York, 1978）为代表。

# 墓志铭

阿尔诺："Après les lui avoir entendu analyser, je n'y compris plus rien, et je crois même ne plus les comprendre."见其《六十忆旧》,卷4,pp. 100 – 101。拿破仑也不能理解自己,"moi, qui, très souvent, aurais été embarrassé d'affirmer avec vérité toute ma pleine et entière pensée",见拉斯卡斯《回忆录》,p. 585。变成萝卜或胡萝卜,见古戈尔《日记》,卷2,p. 22。把钉子锤进脑袋,亦见古戈尔《日记》,卷2,p. 271。展望自己的死亡,见拉斯卡斯《回忆录》,p. 10(让·蒂拉尔也曾引用)。历史是"公认的虚构",见拉斯卡斯《回忆录》,p. 585。否认拿破仑,如大主教惠特利(Archbishop Whately)《有关于拿破仑·波拿巴的历史疑问》(*Historic Doubts Relative to Napoleon Bonaparte*,收入《小册子》〔*The Pamphleteer*〕, Valpy, London, 1826,卷17, pp. 475 – 496)、让-巴普蒂斯特·佩雷斯(Jean Baptiste Pérès)《所以拿破仑从未存在过,或十九世纪历史中需要指出的无数错误的重大错误根源》(*Comme quoi Napoléon n'a jamais existé ou grand erratum source d'un nombre infini d'errata à noter dans l'histoire du XIXe siècle*, L'Edition bibliographique, Paris, 1909)。雨果"Les sabreurs ont fini, c'est le tour des penseurs",见其《悲惨世

界》（Pléiade，Paris，1960），第二册，第 17 章，"Faut-il trouver bon Waterloo"（"是不是该说滑铁卢好呢"），p. 388。"美好的葬礼"，出自《圆柱颂》"Oh，là，nous te ferons de belles funerailles"。回忆 1840 年，见《见证物：回忆录，日记，笔记，1830—1846 年》（Choses vues：souvenirs，journaux，cahiers 1830—1846，Gallimard，Paris，1972）。龚古尔兄弟对雨果葬礼的回忆，见他们的《日记》1885 年 5 月 31 日条。关于拿破仑的影响，其它重要作品，还有莫里斯·德科特（Maurice Descotes）《拿破仑的传说与十九世纪法国作家》（La Légende de Napoléon et les écrivains français au XIXe siècle，Minard，Paris，1967）、皮特·戈耶尔（Peter Geyl）《拿破仑：支持和反对》（Napoleon：For and Against，Penguin Harmondsworth，1976，1949 年初版）。吕西安·瑞根伯根（Lucien Regenbogen）的《拿破仑名言》（Napoléon a dit，Les Belles Lettres，Paris，1996）是一座小型的宝库，可与疑为安德烈·马尔罗（André Malraux）所撰的经典之作《拿破仑的一生》（Vie de Napoléon，Gallimard，Paris，1930）相提并论。

# 索 引

（条目后数字为原书页码，即本书边码）

奥斯德立兹 (Austerlitz)，108，109，130，142